Antonio Montes Orozco

Agile Coaching para Scrum Masters

Aprenda las nociones de Coaching que necesitan los Scrum Masters

Índice de contenido

Introducción 3

Definiciones y principios previos 5

Confianza 16

Escucha 20

Escalera de Inferencias 28

Comunicación no violenta 39

Feedback 49

Modelo OSAR del observador 54

Metodologías para generar planes de acción 59

Preguntas 66

El cambio de creencias 69

Ejemplos de sesiones de coaching 80

Cómo llegar a «ser» un coach 91

Conclusión 104

Agradecimientos especiales 105

Sobre el autor 106

Créditos 107

Antonio Montes Orozco

Introducción

En el marco ágil Scrum, el rol de Scrum Master es el líder del equipo, el cual ha de tener un profundo conocimiento de Scrum para poder enseñárselo al equipo, actuando como mentor del mismo. Además, ha de tener una serie de habilidades conversacionales típicas del Coaching, para poder motivar al equipo y llevarlo al alto rendimiento. Por consiguiente el Scrum Master es tanto mentor (maestro) como coach (motivador).

En este libro le explico las habilidades conversacionales que precisa tener todo Scrum Master, para llegar a ser un gran motivador de cambio en el equipo que lidera.

Espero que, con estas nuevas herramientas, lleve a su equipo al alto rendimiento.

Para sacarle todo el partido a este libro es preciso que usted conozca la filosofía Agile y, en concreto, el marco de trabajo Scrum. Si no es así, le recomiendo la lectura de mi primer libro, «*Scrum Para No Informáticos*».

Antonio Montes Orozco

Dedicado a:

Alejandro Polo y Fernando Vargas, por el apoyo constante que me han prestado

Antonio Montes Orozco

Definiciones y principios previos

SIN PARTICIPACIÓN NO HAY COMPROMISO

Este es el principio clave en torno al cual gira todo el «Agilismo» (que es cómo defino yo al movimiento Agile) y toda la filosofía del Coaching. Este principio clave nos enseña que, para que el individuo se comprometa con una acción, ha de participar en la decisión que lleva a acometer dicha acción. Su creador es Stephen Covey, autor del famoso libro «*Los 7 Hábitos de La Gente Altamente Eficiente*».

La consecuencia inmediata de este principio es que las órdenes jerárquicas generan acciones de baja calidad, puesto que los subalternos que las acometen no están comprometidos. Si queremos acciones de alta calidad, acometidas desde el compromiso, es necesario dejar que el subalterno participe en la decisión.

La segunda consecuencia de este principio es que el cambio no puede nacer de un consejo que nos den, sino de nuestra propia reflexión. Esta es la clave del Coaching. El coach no pretende dar consejos, sino hacernos reflexionar para que seamos nosotros mismos lo que nos demos cuenta de qué necesitamos. Sólo mediante la participación plena en la decisión de acometer una acción nos comprometeremos a llevarla a cabo.

Resumiendo: la motivación de nuestra acción ha de residir en nuestra propia reflexión.

DEFINICIÓN DE COACH

Después de presentar el principio de Stephen Covey y de aclarar lo que nos motiva a actuar, ya podemos definir qué es eso que está tan de moda y que se llama Coaching.

Uno de los organismos que regula la profesión de Coach es el ICF (International Coach Federation). Este organismo define el **Coaching** como «un proceso de acompañamiento reflexivo y creativo con clientes que les inspira a maximizar su potencial personal y profesional». Por lo tanto, un coach no es un consejero, sino un inspirador y motivador que nos acompaña en nuestras reflexiones para alcanzar todo nuestro potencial.

De esta definición podemos empezar a darnos cuenta de qué cualidades son necesarias para motivar a alguien sin aconsejar. Lo primero es **saber escuchar**. En eso tenemos a la sociedad en contra pues, querido lector, en nuestras sociedades no se nos enseña a escuchar. Cuando alguien nos habla, estamos constantemente aplicando nuestros filtros y creencias, emitiendo juicios y opiniones, o bien estamos deseando meter baza para alardear de nuestra sabiduría, por lo que estamos deseando que nuestro interlocutor acabe y así hablar nosotros. Muchas discusiones de pareja o con compañeros del trabajo tienen su origen en esta ignorancia que tenemos de saber escuchar bien.

Antonio Montes Orozco

Ya sabemos que el coach es un experto escuchador pero, ¿cómo nos va a hacer reflexionar? ¿Cómo consigue que nos demos cuenta de nuestras posibilidades? Todo esto lo consigue mediante **preguntas**. Una «Pregunta Poderosa» puede hacer que pongamos todo nuestro cerebro en disposición de concretar una opción y de comprometernos a una acción.

La escucha y las preguntas que nos haga el coach nos llevarán a darnos cuenta de nuestras necesidades, y a buscar un plan de acción. Por lo tanto, la tercera habilidad que ha de poseer el coach es conocer **metodologías para generar planes de acción y llevarlos a término**. Ahí veremos la metodología **GROW** y otra más sencilla que yo he nombrado como **FCA**.

Para abrir nuestro corazón a las preguntas que nos haga el coach hemos de tener una gran confianza. Esto nos lleva a la última gran habilidad que ha de poseer el coach, y es la de **ser confiable**.

En resumen, el coach es una persona en la que confiamos plenamente y que se nos ofrece en cuerpo y alma para escucharnos, entendernos, empatizar con nosotros y, mediante «Preguntas Poderosas», ayudarnos a tomar conciencia de nosotros mismos para comprometernos a acciones concretas de mejora. Para ayudarnos a acometer dichas acciones de mejora, el coach es un experto en metodologías para generar planes de acción y llevarlos a término.

Ahora que tenemos claro lo que es un coach, ya podemos distinguir qué cualidades va a tener y cuáles no. Un coach va a ser un facilitador, un líder, un acompañante, un detector de creencias y una persona que, ante todo, genera **confianza**. Como contrapartida, un coach no es un psicólogo, ni un consultor, ni un confesor, ni el protagonista de la conversación.

EL LENGUAJE

El Coaching recoge los siguientes tres postulados sobre el lenguaje:

- Los seres humanos son **seres lingüísticos**. Es decir, expresan sus ideas mediante la palabra.

- La **falacia** del **lenguaje descriptivo**. El lenguaje no sólo describe, sino que «crea realidad». Esto nos lleva a que hay que ser extremadamente cuidadosos con él, puesto que podemos eliminar la posibilidad de mejora utilizando un lenguaje victimista. De esta forma, **el lenguaje deja de ser inocente**. A partir de ahora tendrá que vigilar cómo el equipo utiliza el lenguaje, para evitar caer en victimismos y poder seguir un camino de «Mejora Continua». Más adelante le explicaré qué es eso de lenguaje victimista y cómo influye el lenguaje en nuestra forma de pensar.

- Los seres humanos se **crean a sí mismos a través del lenguaje**. Por ejemplo, si me etiqueto como «incapaz de cambiar», nunca podré cambiar y adoptaré ante la vida una postura reactiva de víctima. Sin embargo, si me etiqueto como «capaz de mejorar», mejoraré continuamente y adoptaré ante la vida una postura proactiva de responsable.

El lenguaje tiene cuatro actos:

- **Afirmaciones**. La afirmación plasma un dato o hecho de la realidad que nos rodea. Por ejemplo: «Los Sprints de nuestro equipo duran cuatro semanas».

- **Declaraciones**. La declaración plasma la visión que se tiene a futuro, facilitando así que la «Mejora Continua» vaya dirigida a conseguir dicha visión. Por ejemplo, si la visión es llegar a ser un equipo de alto rendimiento que acabe a tiempo el proyecto, tenga por seguro que la «Mejora Continua» ayudará a conseguirlo. La declaración más famosa que se haya hecho jamás fue cuando, en 1962, en plena guerra fría con la URSS, el entonces presidente John F. Kennedy declaró su intención de que EE.UU. lograría **llegar a la Luna** antes de que terminara la década. Y lo lograron con creces.

- **Peticiones**. Las peticiones plasman necesidades nuestras o del equipo. Hay que saber detectarlas y buscar ayuda a través de una petición. Más adelante veremos cómo realizar peticiones a través de la «Comunicación No Violenta»

- **Ofertas**. Cuando se detecta una necesidad en nuestro interlocutor, se puede lanzar una oferta que cubra dicha necesidad. Las peticiones y ofertas conectan necesidad y compromiso.

DEFINICIÓN DE «DISTINCIÓN»

Al final, si estamos hablando de saber escuchar y de saber preguntar, nos encontramos con que un coach es un experto en mantener conversaciones. Y en las conversaciones el lenguaje es la parte clave. De ahí que haga falta introducir la definición de la palabra «**distinción**» para el Coaching. Las distinciones de una misma realidad son las distintas palabras que la pueden definir, según los matices que queramos enfatizar. Por ejemplo, para describir las formas en las que el agua se presenta en la naturaleza, tenemos las distinciones río, riachuelo, torrente, afluente, mar, océano, lago, charco, lluvia, huracán, etc. No es lo mismo referirse a un río, que tiene ya una connotación de gran caudal, que a un riachuelo, que tiene una connotación de poco caudal. Por ello, es muy interesante conocer las «distinciones» del lenguaje, ya que amplían nuestro modelo mental.

Iré introduciendo distintas distinciones según vaya avanzando en mi exposición, y así enriquezcamos nuestro vocabulario. Por ejemplo, le propongo la primera distinción para Agile.

DISTINCIÓN: «AGILISTA» Y «AGILISMO»

El «**Agilismo**» es como yo llamo a la filosofía contenida en el movimiento Agile.

Un «**Agilista**» sería aquel que practica Agile, es decir, alguien que practica el Agilismo.

A lo largo de este libro emplearé ambas palabras. Y, ya puestos, le presento otra distinción.

DISTINCIÓN: COACH Y COACHEADO

Coach es el motivador, mientras que **coacheado** (*coachee* en inglés) es el que es ayudado y motivado por el coach.

MODELOS MENTALES

Los modelos mentales son las representaciones internas de la realidad que vamos formándonos a lo largo de la vida, y que determinan cómo interpretamos la realidad que nos rodea. Del mismo modo, influyen en las decisiones que tomamos, y pueden llegar a hacernos sentir, de forma totalmente dispar, situaciones similares. Por lo tanto, los modelos mentales son como el sistema operativo con el que trabaja nuestro cerebro, están formados por las creencias que tenemos, y son las lentes con las que vemos el mundo.

Sólo podemos influir sobre lo que podemos observar, y los modelos mentales nos filtran la realidad. Por lo tanto, dichos modelos van a condicionar nuestra forma de actuar. No olvidemos que esto se realiza siempre a través del Lenguaje.

Los modelos mentales se forman a partir de los siguientes factores:

- **La genética**. El cerebro de cada individuo es único y particular, así como su forma de procesar la información.

- **Las vivencias personales**. Las experiencias vividas condicionan nuestra forma de pensar, de actuar y de sentir. Por ejemplo, si fuimos mordidos de pequeños por un perro, tenderemos a pensar que estos animales son peligrosos, y desconfiaremos cada vez que veamos uno.

- **La cultura**. Nuestro entorno social y cultural nos condiciona la forma de interpretar los datos y la forma en la que sacamos conclusiones. Por ejemplo, hay entornos familiares muy agresivos que nos invitan a ponernos a la defensiva y esperar lo peor, mientras que hay otros entornos familiares donde se cuidan mucho las formas y se tiende a esperar siempre lo mejor.

- **Los canales de comunicación**. El idioma y la forma de utilizarlo influyen en los modelos mentales. Por ejemplo, hay idiomas con prefijos y sufijos que añaden muchos matices a los adjetivos, mientras que otros idiomas son más parcos. Cuantas más distinciones conozcamos sobre un mismo concepto, más rico será nuestro modelo mental y más nos podremos ajustar a los datos objetivos.

LA FALTA DE TIEMPO COMO ENEMIGO DEL COACH

El enemigo principal del coach es la falta de tiempo. Dicha falta de tiempo impide la dedicación plena para escuchar y para indagar con Preguntas Poderosas, haciendo retroceder al coach a sus viejos hábitos de no escuchar o enjuiciar.

Si no puede tener esa dedicación plena, es preferible postergar la conversación a un momento en el que no haya interrupciones. De esta forma se hará predecible y lo verán como alguien confiable que, si escucha, es para hacerlo de forma dedicada y plena.

Le hago esta breve referencia a la falta de tiempo, pues irá viendo que ser coach implica una Templanza fuera de lo normal, la cual puede irse al traste con las prisas y la falta de tiempo. Me interesa muchísimo que sea consciente de que las conversaciones que mantenga han de ser de calidad, protegiéndolas al máximo, para poder escuchar y ayudar.

RESUMEN

- **Sin participación no hay compromiso.** Por ello el coach busca la participación y reflexión interna del coacheado (*coachee* en inglés).

- El **coach** es una persona en la que confiamos plenamente y que se nos ofrece en cuerpo y alma para escucharnos, entendernos, empatizar con nosotros y, mediante Preguntas Poderosas, ayudarnos a tomar conciencia de nosotros mismos para comprometernos a acciones concretas de mejora. Para ayudarnos a acometer dichas acciones de mejora, el coach es un experto en metodologías para generar planes de acción (GROW, FCA) y llevarlos a término.

- Hemos hablado del **Lenguaje**, viendo al ser humano como un ser lingüístico, que se crea a sí mismo a través del Lenguaje. El Lenguaje no sólo describe, sino que «crea realidad». Por ello hay que ser muy cuidadosos con él.

- Una «**distinción**» es el conjunto de palabras que definen una misma realidad, según sus matices. Por ejemplo río, torrente, afluente y riachuelo, aplicados a una corriente de agua. Las distinciones enriquecen nuestro lenguaje, que es el elemento clave utilizado en las conversaciones mantenidas entre coach y equipo.

- Le he presentado la primera «distinción» en relación a Agile: «**Agilista**», para referirnos a un practicante de Agile, y «**Agilismo**», para referirnos a la filosofía englobada en el movimiento Agile.

- La he presentado una segunda «distinción» en relación a los roles del Coaching: «**coach**» es el que ayuda y motiva, y «**coacheado**» (*coachee* en inglés) es el que recibe la motivación y ayuda del coach.

- Los modelos mentales son el conjunto de nuestras creencias, y condicionan nuestra forma de ver la realidad. Intervienen en su formación nuestra genética, las vivencias personales, nuestra cultura y los canales de comunicación que utilicemos (idioma).

- Siempre que mantenga una conversación, proteja el entorno de interrupciones. Es preferible postergar la conversación hasta que esté al 100% disponible.

- Como bibliografía para este capítulo le recomiendo «*Los 7 Hábitos de La Gente Altamente Eficiente*», de Stephen Covey.

Confianza

LAS BASES DE LA CONFIANZA

Hemos visto que un coach es alguien que, ante todo, genera confianza. Por lo tanto un coach debe procurar crear un contexto de **seguridad psicológica**. Las patas de dicho contexto son las siguientes:

- **Sinceridad y transparencia**. La confianza es un tesoro muy difícil de obtener y muy fácil de perder. El coach ha de ser muy sincero y transparente para ganarse la confianza del equipo. La sinceridad implica nunca faltar a la verdad. La transparencia implica mostrar las vulnerabilidades y los estados de ánimo, de forma que no haya equívocos ni malos entendidos. La sinceridad y transparencia hacen que el coach sea predecible, y eso confiere seguridad al equipo. Como consecuencia, deducimos que el coach es alguien con una **alta ética y moralidad**.

- **Competencia técnica**. Al coach se le presuponen tres habilidades esenciales: saber escuchar, saber preguntar y conocer metodologías de generación y consecución de planes de acción. Un equipo que confía en las habilidades de su coach, se siente seguro.

- **Conexión con las personas**. El coach es empático y sabe conectar con los estados de ánimo y con las necesidades del equipo. Esta conexión confiere mucha seguridad al equipo, pues este se siente comprendido.

- **Impecabilidad de compromisos.** Cumplir las promesas es todo un arte en el desempeño de los equipos. Por lo tanto, el coach ha de tener la competencia de saber hacer promesas y de cumplirlas. Además, también habrá de hacerse cargo y responsabilizarse en caso de incumplirlas. Un coach que siempre cumple sus promesas se vuelve muy confiable para el equipo.

CONSECUENCIAS DE QUE SE PIERDA LA CONFIANZA

La confianza dentro del equipo es un bien sagrado que hay que cuidar al máximo pues, si los miembros del equipo se sienten inseguros (**falta de confianza**), tendrán **miedo al conflicto** y dejarán de participar en las decisiones, por miedo a las reacciones y consecuencias. Si dejan de participar dejarán de comprometerse (**falta de compromiso**) con la consecución de objetivos (recuerde el principio de Stephen Covey). Si dejan de comprometerse con la consecución de objetivos, dejarán de responsabilizarse de los compañeros (**evitación de la responsabilidad**), pasando por alto la infracción de acuerdos establecidos, como realizar tests unitarios o hacer el trabajo con la calidad exigida. Si se sienten inseguros, dejan de participar y no se responsabilizan de sus compañeros, al final desatenderán el proyecto (**inatención a los resultados**) y estarán pensando en abandonar el equipo. Estas son las cinco disfunciones que enunció el estadounidense Patrick Lencioni, un famoso escritor de libros de gestión empresarial, en su libro «*Las Cinco Disfunciones de Un Equipo*». Fíjese que todo empieza por la falta de confianza, acabando en la destrucción del equipo y el fracaso del proyecto.

RESUMEN

— Hemos visto las bases de la confianza del equipo a su coach, presentándolo como alguien que, ante todo, genera confianza. Las bases para crear un contexto de seguridad psicológica son:

- **Sinceridad y transparencia**. El coach nunca falta a la verdad y no tiene reparos a la hora de mostrarse vulnerable.

- **Competencia técnica**. El coach sabe escuchar, sabe preguntar y conoce metodologías de generación y consecución de planes de acción.

- **Conexión con las personas**. El coach conecta y empatiza con el equipo, detectando sus necesidades.

- **Impecabilidad de compromisos**. El coach cumple siempre sus promesas, y se responsabiliza en caso de incumplirlas.

— Por último hemos visto las nefastas consecuencias de que se pierda la confianza, y le he presentado las cinco disfunciones de los equipos, enunciadas por Patrick Lencioni: **falta de**

confianza, el **miedo al conflicto**, la **falta de compromiso**, la **evitación de la responsabilidad** y la **inatención a los resultados**.

— Como lectura, le recomiendo «*Las Cinco Disfunciones de Un Equipo*», de Patrick Lencioni.

Escucha

Si nos planteamos una Organización como una «red de conversaciones» donde se realizan ofertas y peticiones, nos damos cuenta de lo importante que es la escucha. En la escucha no debemos olvidar la parte de la interpretación. Hay que desterrar la idea de que todos escuchamos de la misma forma, pues siempre estamos filtrando en base a nuestras creencias y juicios, por lo que interpretamos de formas muy distintas. Existe siempre una «brecha interpretativa» que hay que saber gestionar.

Según la eficacia de la escucha, podemos clasificarla en los siguientes niveles, de menor a mayor eficacia:

NIVELES DE ESCUCHA

- **Ignorando.** Directamente no se escucha. Esto, aparte de ser poco útil y llevar a nuestro interlocutor a desconfiar, es de mala educación. Si no podemos atender a alguien, es mucho mejor hacerse predecible y, asertiva y educadamente, comunicarle que en ese momento no podemos escuchar. Recordemos que la confianza es un tesoro difícil de conseguir y muy fácil de perder.

- **Fingida.** Se hace como que se escucha, pero realmente estamos pendientes de otro asunto. Fingir es una forma poco ética de actuar y hace que pierdan la confianza en nosotros, ese gran tesoro que cuesta tanto conseguir. En este caso, aconsejo hacernos predecibles para no fingir, y así ganar la confianza de nuestro interlocutor: —¿Te importaría que hablásemos más tarde? Ahora estoy ocupado y luego te voy a poder prestar toda la atención que te mereces. —Y ahora viene la pregunta donde dejamos espacio a la participación y al compromiso—: ¿Cuándo te viene bien que hablemos? —O bien esta otra—: ¿Te viene bien que hablemos dentro de media hora?

- **Previa**. Antes de que nos terminen la frase estamos aplicando prejuicios y creencias. Esos filtros nos impiden escuchar los datos y hechos objetivos que nos están contando. Además, la escucha previa es irritante para el interlocutor. Esta práctica es una fuente inagotable de problemas, tanto en nuestra vida personal como en nuestra vida profesional.

- **Selectiva**. Nos centramos sólo en aquello que nos interesa. Eso nos puede llevar a perder información que puede resultar clave. Lo importante no es lo que nos interesa, sino aquello de lo que el interlocutor nos está hablando. La Humildad es nuestra gran aliada, y nuestro Ego es nuestro gran lastre.

- **Activa**. Intentamos entender todo lo que se dice, y si no entendemos algo, preguntamos para obtener una aclaración. También parafraseamos, para asegurarnos que hemos entendido lo que el interlocutor nos ha querido decir. Un ejemplo de parafraseo sería el siguiente: «Te he entendido que se adelanta la fecha de entrega en diez días y que el módulo de exportación ya no hay que hacerlo. ¿Es así? ¿Te he entendido bien?». Aunque hayamos entendido todo, en la escucha activa nos olvidamos de lo que supone para el estado de ánimo de nuestro interlocutor lo que nos está contando. Por ello hay que dar un salto más en el nivel de escucha.

- **Empática**. No solo escuchamos activamente y entendemos todo, sino que también intentamos entender cómo se siente el interlocutor y qué le producen, a nivel emocional, los hechos de los que habla. Este nivel de escucha es de los más perfectos, pero aún seguimos teniendo una gran presencia del yo, que nos puede llevar a filtrar y juzgar en cuanto nos descuidemos.

- **Sin Ego** (*Egoless* en inglés). Nos entregamos en cuerpo y alma para escuchar a nuestro interlocutor, olvidándonos de nosotros mismos, evitando seleccionar datos y aplicar filtros, centrándonos en entenderlo todo y en empatizar con nuestro interlocutor, y acordándonos de nosotros mismos sólo para verificar que seguimos escuchando con toda nuestra atención. Es la escucha más generosa y perfecta que existe: es casi un acto de amor, y requiere creer en el ser humano. El Coaching, querido lector, es una fuente de valores éticos que nos hace mejores personas, y del que podemos aprender mucho. Tengo una broma con mis colegas, y consiste en que el Coaching es casi como una Religión, pues nos proporciona una ética y una entrega a los demás a prueba de bomba, aparte de que nos anima a ser humildes y dejar nuestro Ego de lado. La recompensa es el bienestar que causa el poder ayudar a los demás, dando mucho sentido a nuestro trabajo.

Antonio Montes Orozco

DISTINCIÓN: EMPATÍA y SIMPATÍA

Es interesante tener clara la diferencia entre una escucha empática y una escucha simpática.

En la **escucha empática** conectamos con el interlocutor, para sentir y vibrar al unísono, manteniendo la objetividad. Con la escucha empática:

- Tendemos a la conexión. Vibramos con nuestro interlocutor y resonamos juntos.

- Escuchamos para comprender. Si no entendemos algo, preguntamos para entenderlo todo.

- Nos centramos en la emoción. Indagamos qué emoción le produce a nuestro interlocutor aquello de lo que nos habla.

- Requiere de aprendizaje. Tenemos que entrenarnos para aprender a escuchar empáticamente.

- La respuesta es no verbal (conectamos y vibramos con nuestro interlocutor), por lo que utilizamos más la expresión de nuestro cuerpo.

- No juzgamos. Nos limitamos a entender los hechos y las emociones que estos producen.

- No es mutua (pues somos solo nosotros los que intentamos empatizar).

- La conversación se mantiene en un plano emocional, centrándose en nuestro interlocutor y en sus sentimientos.

En la escucha **simpática**, el interlocutor nos cae bien, y por tanto todo lo que diga será correcto, perdiendo así la objetividad. Es una escucha en la que no vamos a poder ayudar nada. Con la escucha simpática:

- Tendemos a la desconexión, pues vamos a dar la razón en todo lo que nos digan, así que no espejamos la emoción de nuestro interlocutor.

- Escuchamos para responder; sobre todo para dar la razón y enfatizar nuestra conformidad.

- Buscamos aprobación, es decir, que por simpatía nos den la razón a lo que digamos.

- Es espontánea, por lo que no requiere entrenamiento. Este es el nivel de escucha que hemos aprendido desde pequeños.

- La respuesta es verbal. Al no haber conexión, no espejamos con nuestro cuerpo las emociones de nuestro interlocutor, por lo que toda la conversación se centra en el Lenguaje.

- Juzgamos. Si nuestro interlocutor está disgustado por la actitud de alguien, podemos llegar a enjuiciar a ese alguien.

- La simpatía es mutua, por lo que al final ninguno escucha objetivamente.

Antonio Montes Orozco

- La conversación se mantiene en un plano intelectual y no emocional.

- Se centra en las palabras y en la solución, obviando las emociones.

Aunque nuestro interlocutor nos caiga bien, podemos entrenarnos en obviar nuestros sentimientos para ser objetivos y centrarnos empáticamente en lo que siente, sin dar la razón sin más. Es más, ya que nos cae bien, podremos ayudar más si realizamos una escucha empática, pues mantendremos la objetividad.

Es importante que quede claro el concepto de empatía. Por lo tanto, voy a mostrarle unos ejemplos de qué no es empatía. **Empatía no es**:

- No es aconsejar: —Creo que deberías…

- No es competir: —Eso no es nada, a mí me pasó que…

- No es educar: —Esto puede ser muy positivo para ti.

- No es consolar: —Hiciste lo que pudiste.

- No es minimizar: —No es para tanto…

- No es compadecer: —¡Pobre!

- No es contar una historia parecida: —Esto me recuerda que…

- No es explicar: —Yo habría venido, pero…

- No es corregir: —No, eso no ocurrió así…

RESUMEN

— Hemos visto a la Organización como una «red de conversaciones» donde se realizan ofertas y peticiones, de ahí la importancia de saber escuchar.

— Después hemos visto los niveles de escucha:

- **Ignorando**. Directamente no se escucha.

- **Fingida**. Se hace como que se escucha, pero realmente estamos pendientes de otro asunto

- **Previa**. Antes de que nos terminen la frase estamos aplicando prejuicios y creencias.

- **Selectiva**. Nos centramos sólo en aquello que nos interesa.

- **Activa**. Intentamos entender todo lo que se dice y, si no entendemos algo, preguntamos o parafraseamos para obtener una aclaración.

- **Empática**. Intentamos entender cómo se siente el interlocutor.

- **Egoless**. Es casi un acto de amor, en el que nos entregamos en cuerpo y alma para entender y conectar emocionalmente con nuestro interlocutor, olvidándonos de nosotros mismos. Es la escucha más perfecta que hay.

— Hemos finalizado presentando la distinción entre escucha **empática** y escucha **simpática**.

Escalera de Inferencias

Si recuerda las definiciones del primer capítulo, introduje la definición de «Modelos Mentales» como el conjunto de creencias que determinan nuestra forma de actuar. La Escalera de Inferencias es un modelo que explica el modelo mental que siguen las personas al observar una situación, describiendo cuándo sacan sus propias conclusiones y cómo actúan. Fue desarrollado por el psicólogo norteamericano Chris Argyris, en 1985.

Las fases se representan en una escalera, donde los peldaños van cubriendo las distintas etapas que llevan a actuar:

- El **primer** peldaño es el inferior, y lo ocupan los **datos y hechos observados**.

- El **segundo** peldaño lo ocupa la **selección de datos** observados. Tendemos a centrarnos sólo en lo que nos interesa, por lo que omitimos los datos menos relevantes para nosotros.

- El **tercer** peldaño **agrega significado, es decir, interpreta** los datos seleccionados, desde una perspectiva personal y cultural: ¿qué es? ¿por qué sucede? ¿para qué sucede?

- En el **cuarto** peldaño se **hacen suposiciones (se establecen relaciones causales)** basadas en el significado agregado en el peldaño anterior.

- En el **quinto** peldaño se **sacan conclusiones (se atribuyen las causas)** basadas en los supuestos anteriores, que pasan a transformarse en «la verdad» para nosotros.

- En el **sexto** peldaño se **adoptan creencias (se generaliza)** basadas en las conclusiones obtenidas. Estas creencias o generalizaciones dan origen a las emociones, preparándonos para la acción posterior.

- Finalmente se llega al **séptimo** y último peldaño, donde **se toman acciones** basadas en las creencias adoptadas.

Esta forma de procesar la información puede ser nefasta cuando se obtienen conclusiones erróneas que llevan a realizar acciones inapropiadas. Por ejemplo, si ha visto la película «Yo Robot», en ella hay una escena donde un robot corre por la calle con un bolso en la mano, el cual se dirige hacia una señora que se lleva las manos a la garganta:

- Primer peldaño, datos de la realidad: El protagonista de la película, Will Smith, que hace el papel de un policía, observa este hecho.

- Segundo peldaño, selección de datos: El policía selecciona el dato de que hay un robot corriendo con un bolso, y que una señora grita.

- Tercer peldaño, interpretación de datos. El policía agrega la idea de que es muy raro que un robot ande corriendo con un bolso en la mano.

Antonio Montes Orozco

- Cuarto peldaño, suposiciones. Will Smith establece la relación causal de que la señora grita porque le ha desaparecido el bolso.

- Quinto peldaño, conclusiones. El policía concluye que el robot ha robado el bolso a la señora y se está dando a la fuga.

- Sexto peldaño, adopción de creencias. Will Smith generaliza y adopta la creencia de que los robots, a pesar de tener las tres leyes de la robótica, son capaces de robar, y de hecho este ha robado el bolso de la señora.

- Séptimo peldaño, ejecución de acciones. El policía, en el último peldaño, decide iniciar una persecución para recuperar el bolso de la señora. La escena finaliza con Will Smith revolcándose por el suelo y tirando al robot, ante los ojos atónitos de la señora, la cual era asmática, y estaba esperando a que su robot doméstico le trajese su inhalador para el asma.

En este ejemplo, si el policía hubiese observado de forma objetiva, se hubiese dado cuenta de que el robot se dirigía hacia la señora, por lo que no tenía sentido que le hubiese robado el bolso. Y, si hubiese seguido observando, se habría dado cuenta de que la señora no estaba gritando ante el robo de su bolso, sino que estaba comunicándole al robot que se encontraba en la parada del autobús y que es ahí donde el robot debía llevarle el bolso. Por ello, un coach debe entrenarse en no aplicar filtros, y analizar los datos de forma aséptica y objetiva, evitando así llegar a falsas conclusiones.

Antonio Montes Orozco

Mi consejo es inferir siempre de la forma más **caritativa** posible.

CÓMO SUBIR Y BAJAR LA ESCALERA DE INFERENCIAS

El reto como coach es dejar de interpretar para preguntar y escuchar. Una primera forma de utilizar la escalera sería bajar del peldaño superior (el de la acción), al peldaño inferior (el de los datos y hechos objetivos), pasando por los peldaños intermedios, hasta descubrir qué causó la acción. Lo aclaro con un ejemplo:

Si ese saludo que X no me dio el otro día es interpretado como un desprecio, mi reacción será de rabia y de incomprensión. Si, en vez de conformarme con eso, pregunto a X por qué no me respondió el otro día a mi saludo, podremos sorprendernos con su explicación: —Se me han roto las gafas y sin ellas no veo bien, así que perdona. Como me daba miedo no responder a los saludos, ya que no veía y no reconocía a la gente, iba andando mirando al suelo para no encontrarme con nadie.

Cuando observemos que los juicios han hecho acto de presencia demasiado pronto, es momento de volver a bajar al primer peldaño. El dato objetivo es que X no ha respondido a mi saludo. Posibles interpretaciones: X no se ha dado cuenta; X no me ha visto; o X no me ha respondido deliberadamente. Por lo tanto, es momento de recabar más datos y preguntar directamente a X. Tratar de interpretar sin tener suficientes datos no es nada recomendable, pues nos puede llevar a múltiples situaciones embarazosas en la vida.

De esta forma somos conscientes de los pasos que vamos dando, de qué datos y hechos tenemos, de cuándo estamos interpretando, de cuándo estamos suponiendo, y de qué creencias estamos adoptando. Esta consciencia fortalece nuestra comunicación con el equipo, pues damos a conocer nuestra perspectiva, nos lleva a conocer la de los demás y nos lleva a recabar más información si es preciso.

La próxima vez que dé una charla y vea a algún compañero bostezando, no se aventure a pensar que lo está aburriendo: recuerde la Escalera de Inferencias y piense que hay muchas opciones y que le faltan datos. Por ejemplo, puede haber pasado una mala noche. Pregúntele mejor.

NO CONFUNDIR DATO CON JUICIO

Y aún queda otro detalle del que me gustaría hablar, y es el hecho de que, en nuestra sociedad, muchas veces confundimos datos y hechos objetivos con juicios y opiniones. Un dato objetivo es que «Juan mide 1,89 m.». Un juicio, sin embargo, es que «Juan es alto».

Por ejemplo, si, al finalizar un Sprint, el equipo ve con tristeza que no les ha dado tiempo a finalizar las historias de usuario comprometidas, debido a que estaban mal estimadas, acusar al Product Owner de «irresponsable», por tener la Pila de

Producto (*Product Backlog* en inglés) poco refinada, no deja de ser un juicio. El dato objetivo no es que el Product Owner sea un irresponsable, sino que no se ha llegado al final del Sprint porque las historias de usuario estaban mal estimadas. Ahondando en los datos objetivos, el equipo se dará cuenta de que hace falta refinar las tareas, para tener claro su alcance y poder estimarlas mejor. Precisamente es el equipo el que ha de dedicar tiempo a refinar las tareas, pues son ellos los que han de validar que se cumple el DOR (Definition Of Ready), para entender su alcance y dependencias, y poder estimarlas adecuadamente.

Mezclar hechos con opiniones produce los siguientes efectos:

- **Distorsiona la comunicación.** Hemos visto que el punto de partida en la Escalera de Inferencias son los hechos objetivos observados, y considerar juicios como hechos objetivos observados distorsiona todo el conjunto.

- **Nos lleva a pensar que nuestra percepción es la realidad y a imponer nuestro punto de vista como la «verdad».** La «verdad» son los hechos objetivos, no nuestras opiniones y juicios. Por lo tanto estamos tomando como «verdad» algo totalmente opinable. Siguiendo con el ejemplo del equipo que no finaliza las tareas comprometidas, la «verdad» es que no se han realizado las tareas comprometidas por una mala estimación, no porque el Product Owner sea un «irresponsable».

- **Otros puntos de vista quedan anulados**. Hemos visto que la Escalera de Inferencias comienza con hechos y datos, que son la «verdad», para luego emitir juicios y opiniones. Si ya partimos de juicios, como si fuesen datos, no dejamos espacio para inferir, anulando así otros puntos de vista. Recordemos que esto nos podría llevar a evitar la participación de todos, y por tanto a no tener el compromiso pleno del equipo.

- **Es una agresión encubierta**. Si volvemos al ejemplo del Product Owner que es tachado de «irresponsable», como dato objetivo de partida, estamos evitando que haya otro interlocutor con otra opinión. Nos falta la opinión del mismo Product Owner, que no está presente, o cualquier otro compañero que no vea la situación del mismo modo. Fíjese en que esta agresión podría llevar a la falta de confianza, y la falta de confianza nos llevaría a la falta de participación, y por tanto a la falta de compromiso.

LOS DOCE OBSTÁCULOS A LA COMUNICACIÓN

Antes de enumerarle los doce obstáculos a la comunicación, le recuerdo el principio de Stephen Covey que dice así: «sin participación no hay compromiso». En la comunicación buscamos el compromiso del equipo o del interlocutor que tenemos delante. Por lo tanto, todo lo que nos lleve a la falta de participación, nos eliminará el compromiso. Del mismo modo, le recuerdo que la falta de confianza nos lleva a no participar, y por lo tanto a la falta de compromiso, tal y como nos enseña Patrick Lencioni (visto en el capítulo sobre la confianza).

Grabe bien en su mente estas doce prácticas que pueden obstaculizar la comunicación:

- **No ordenar ni exigir.** Una orden elimina la participación, y por tanto el compromiso.

- **No amenazar ni advertir.** Una amenaza es una agresión que rompe la confianza, y la falta de confianza lleva a la falta de participación, y sin participación no hay compromiso.

- **No sermonear.** Sermonear es una agresión, pues nos pone por encima del interlocutor, y eso elimina la confianza, llevando a la falta de participación, y por tanto a la falta de compromiso.

- **No aconsejar.** Un consejo es una solución al problema que nos viene desde fuera, por lo que no hemos participado en él, y por lo tanto no nos hemos comprometido con el mismo. Por esta razón los coaches no son consejeros.

- **No dar lecciones.** Nos basamos en nuestra experiencia para decirle a nuestro interlocutor lo que es bueno o malo. Una lección es una forma de agresión, donde manifestamos nuestra superioridad al interlocutor. Eso elimina la confianza, destruyendo la participación, y por tanto el compromiso.

- **No juzgar ni criticar.** Que nos juzguen o critiquen es una agresión que elimina nuestra confianza. Sin confianza dejamos de participar y sin participación no hay compromiso.

Antonio Montes Orozco

- **No adular ni hacer cumplidos**. La adulación nos podría llevar a la **escucha simpática** y, si se acuerda cuando la expliqué, esta escucha nos lleva a perder la objetividad, pues aceptamos todo lo que nos digan. Es una escucha en la que no vamos a poder ayudar nada.

- **No humillar, ridiculizar o etiquetar**. Es una agresión, aparte de una falta de respeto, que lleva a eliminar la confianza del interlocutor hacia nosotros. A estas alturas se imaginará que esta actitud acabará con el compromiso de nuestro interlocutor.

- **No interpretar o diagnosticar**. Tiene que ver con «leer la mente» de nuestro interlocutor y, aparte de ser irracional tratar de «leer la mente», es sumamente irritante, pues estamos haciendo escucha previa y filtrando, alejándonos de la escucha empática Egoless. Acordémonos de la «Escalera de Inferencias»: centrémonos en los datos y hechos objetivos, sin aplicar filtros.

- **No consolar**. Es una forma de decirle a nuestro interlocutor que lo que le pasa es poco importante. Es sumamente irritante y está enlazado con la escucha previa, alejándonos de la escucha empática Egoless.

- **No cuestionar**. Cuestionar lo que nos dice el interlocutor es una muestra de falta de confianza e indirectamente una agresión, por lo que eliminaremos su participación, y como consecuencia su compromiso.

Antonio Montes Orozco

- **No desvirtuar, bromear o ironizar.** Es una agresión y una falta de respeto que elimina la confianza.

RESUMEN

— La Escalera de Inferencias es un modelo que explica las fases que siguen las personas al observar una situación, describiendo cuándo sacan sus propias conclusiones y cómo actúan. Los peldaños son:

- Observación de datos y hechos.

- Selección de datos.

- Interpretación de datos

- Establecimiento de suposiciones.

- Obtención de conclusiones. Le aconsejo ser **caritativo.**

- Adopción de creencias.

- Ejecución de actos.

— No confundir dato con juicio, pues es una agresión encubierta que puede llevar a la falta de confianza, a la falta de participación, y como consecuencia a la falta de compromiso.

— Por último hemos visto los doce enemigos de la comunicación, los cuales nos llevan a que el interlocutor pierda la confianza en nosotros o se sienta agredido, dejando de participar, y por lo tanto dejando de comprometerse:

- Ordenar o exigir.

- Amenazar o advertir.

- Sermonear.

- Aconsejar.

- Dar lecciones.

- Juzgar o criticar.

- Adular o hacer cumplidos.

- Humillar, ridiculizar o etiquetar.

- Interpretar o diagnosticar.

- Consolar.

- Cuestionar.

- Desvirtuar, bromear o ironizar.

Comunicación no violenta

La comunicación no violenta (**CNV** a partir de ahora) es un modelo desarrollado en los años 60 del siglo XX por Marshall Rosenberg, un psicólogo estadounidense autor de numerosos libros, como «*Comunicación NoViolenta*». Este modelo busca que las personas se comuniquen entre sí con empatía y eficacia, enfatizando la importancia de expresar con claridad las observaciones, sentimientos y necesidades, de forma que se evite el lenguaje violento que juzga y etiqueta a los interlocutores o a terceros. Ya hemos visto en el capítulo anterior que toda agresión rompe la comunicación.

La comunicación no violenta también se llama «comunicación empática» o «comunicación compasiva». Considera que todas las acciones se originan en un intento de satisfacer necesidades (deseos o metas), pero que es preferible canalizar de forma sana y compasiva, evitando el uso del miedo, la culpa, la vergüenza, la acusación y las amenazas.

El ideal de la CNV es que las propias necesidades no se satisfagan a costa de frustrar las necesidades del interlocutor. Para ello es fundamental expresarse sin críticas ni juicios sobre lo que está bien o mal. En vez de eso, se pone el foco en expresar sentimientos y deseos. Las dos ideas clave sobre las que gira el modelo de Rosenberg son las siguientes:

- Nuestra tendencia natural es a sentirnos satisfechos cuando damos y recibimos algo de forma solidaria.

- El ser humano tiene una tendencia natural a la compasión.

DISTINCIÓN ENTRE «SER» Y «HACER»

Es importante distinguir entre «ser» y «hacer». El «ser» nos identifica como personas, mientras que el «hacer» es el resultado de nuestras acciones. Cuando veamos algo que no nos guste, hay que centrarse en el «hacer» de nuestro interlocutor, pues el «hacer» siempre permite la mejora. Si nos centramos en el «ser», estamos agrediendo verbalmente a nuestro interlocutor, creando desconfianza y cortando la comunicación.

El que yo cometa un fallo me abre la posibilidad para aprender de mi «hacer» y provocar que incorpore a mi saber nuevas estrategias. Pero si el fallo se traduce en que soy un «inútil», o un «desastre», o un «mal profesional», es una etiqueta estéril que nos agrede y que no sirve para nada.

Como conclusión, recuerde realizar las peticiones de mejora al «hacer», y no al «ser». Evitará agresiones verbales y abrirá nuevas posibilidades de comunicación.

EL MODELO DE LA CNV PARA PEDIR

La CNV consta de los siguientes cuatro pasos:

1. Observar los **datos** y **hechos** objetivos de una situación dada. Recordemos no confundir hechos y datos objetivos con juicios u opiniones.

2. Investigar **nuestras emociones**: «¿Nos sentimos enfadados, ofendidos, asustados, alegres, etc.?»

3. Identificar cuáles de **nuestras necesidades**, deseos o metas guardan relación con las emociones que hemos descubierto. Buscar la necesidad genuina y expresarla con calma y educación.

4. Hacer una **petición** dirigida a tratar de conseguir la necesidad identificada.

Por ejemplo, en el paso primero una madre observa que la ropa de su hija está tirada en el suelo del salón. Investigando sus emociones, en el paso segundo se da cuenta de que el desorden le molesta. Investigando sus necesidades, en el paso tercero se da cuenta de que necesita tener la casa ordenada. Uniendo los tres primeros pasos, la madre puede enunciar:

—Sophie, me molesta ver una camisa tuya encima del sofá del salón, porque me gusta ver ordenadas todas las habitaciones de la casa.

A continuación la madre acomete el cuarto y último paso, que consiste en hacer una petición:

—Sophie, ¿podrías recoger tu camisa y llevarla al cesto de la ropa para lavar, por favor?

De esta forma, no ha habido agresión. Por desgracia, en muchas familias se tiende a etiquetar y juzgar, cortando así la comunicación. Fíjese qué diferente sería agredir con etiquetas y amenazas:

—¡Sophie, eres un desastre. Has vuelto a dejar la ropa tirada por la casa! ¡Recoge inmediatamente tu ropa o te castigaré!

La etiqueta de «desastre» es una agresión verbal y encima puede menoscabar la autoestima de la hija. Y encima se finaliza la petición con una orden imperiosa y una amenaza: otra agresión verbal. Así no puede haber una comunicación sana.

Lo mismo aplicaría en las relaciones laborales. La forma CNV de plantear las necesidades y realizar peticiones es muy potente, y ayuda mucho a preservar la confianza.

EL MODELO DE LA CNV PARA OFRECER

Del mismo modo se aplica este modelo a la hora de ofrecer ayuda y atender las necesidades de los demás. Se trata de extraer esos cuatro pasos en los demás, conectando para percibir primero lo que ellos observan, en segundo lugar percibir lo que ellos sienten, en tercer lugar escuchar lo que necesitan, y finalizar escuchando su petición concreta, la cual enriquecerá sus vidas.

Antonio Montes Orozco

La esencia del CNV está en la conciencia que tenemos de los cuatro pasos que hemos visto. Con la práctica, iremos interiorizando Preguntas Poderosas para ir extrayendo la información en cada paso. Les pongo un ejemplo gráfico: El responsable de calidad tacha de «inservible» el código que genera nuestro equipo. Haciendo preguntas, se puede lograr que el interlocutor piense en los cuatro pasos.

—El código que habéis hecho no vale para nada. —comenta el Responsable de Calidad. No tiene por qué conocer la CNV y comienza etiquetando y agrediendo, pero el Scrum Master entiende que la gente no sabe comunicarse, y obvia este comentario, intentando indagar más, buscando el dato objetivo. Los Scrum Masters requieren mucha Templanza y autocontrol.

—¿Me podrías concretar qué parte no vale, por favor? —contesta el Scrum Master.

—Habéis realizado operaciones en las pantallas gráficas —Este es el primer dato objetivo que percibe el Scrum Master.

—Lo que te estoy entendiendo es que hemos roto la filosofía del Modelo-Vista-Controlador. ¿Es eso a lo que te refieres? —El Scrum Master, parafraseando, pregunta para asegurarse de que ha entendido cuál es el problema.

—Sí. Hay muchos programadores tocando ese código y no quiero que se vuelva inmantenible en el futuro. —El Responsable de Calidad ha plasmado sus emociones: tiene miedo de que se vaya deteriorando el código. También deja entrever su necesidad, pero hay que confirmarlo.

—Lo que entiendo es que estás pensando en el futuro de la aplicación y te causa inquietud que se rompan los patrones de diseño, pues dificultaría el mantenimiento de la misma. ¿Es eso? —pregunta el Scrum Master.

—Sí, eso es.

—¿Hay algo más que haya que arreglar? ¿Algún fallo?

—No, el funcionamiento está bien.

—Entonces, ¿qué podemos hacer para que le deis el OK al código?

—Que desacopléis la Vista del Modelo y no metáis cálculos en las ventanas de presentación de datos.

—Entendido. Creamos una historia de usuario para refactorizar el código, y lo priorizamos para que entre en el siguiente Sprint. Eso sí, mantendremos el funcionamiento actual, para no romper nada.

—Me parecería genial —responde entusiasmado el Responsable de Calidad.

—¡Pues lo hacemos en el siguiente Sprint! —Ambos se dan la mano, muy satisfechos.

En este ejemplo vemos que, indagando, sólo había un error de forma y no de fondo, pues la aplicación estaba funcionando bien. El Scrum Master ha mostrado su Templanza ante el ataque del Responsable de Calidad, pues sabe perfectamente que no es lo mismo «ser» que «hacer», y, compasivamente, entiende que no se puede pretender que todos conozcan la CNV y sean expertos comunicándose.

Le animo a que se entrene para utilizar este modelo en todas las facetas de su vida. Verá los resultados muy pronto y se ahorrará muchos sinsabores.

DISTINCIÓN: GENEROSIDAD PARA DAR Y RECIBIR

Solemos entender la generosidad como lo desprendidos que somos a la hora de dar. Es más, socialmente se ve bien que una persona generosa sea parca a la hora de aceptar ofrecimientos. Pero fíjese en que eso desequilibra las relaciones. Por lo tanto, le propongo extender el concepto de generosidad para ofrecer y para recibir favores. De esta forma, nos mostramos generosos a la hora de ofrecer, pero dejamos que nuestro interlocutor nos devuelva el favor, siendo generosos a la hora de recibir, quedando así equilibrada la relación.

CONVERSACIONES EFICACES

De la comunicación no violenta hemos aprendido cuatro pasos que tenemos que cubrir para poder llegar a un acuerdo saludable. Lo habitual es que en las conversaciones se transmitan necesidades por ambas partes, por lo que habrá que estar pendiente de la propias y también de las de nuestro interlocutor, cubriendo los cuatro pasos para ambos. Pero es difícil acertar a la primera, si nos dejamos información sin preparar. Le propongo el siguiente guión para preparar una conversación eficaz:

1) Fijar el **contexto**. El momento, el lugar, ¿cómo estoy yo? ¿cómo está mi interlocutor?

2) Tener clara la **inquietud** que causa la conversación. ¿Para qué quiero esta conversación?

3) Hacerse una lista de los **datos** y **hechos**: Recuerde no confundir datos y hechos objetivos con juicios y opiniones. Se han de presentar de forma clara y concisa: «he visto...», «observo que...»

4) Identificar **interpretaciones** / **emociones**: «Cuando haces esto, pienso que...» / «Cuando esto sucede, siento que...» / «¿Cómo lo ves tú?» / «¿Qué sientes cuando...?» Para identificar las interpretaciones y emociones de nuestro interlocutor hace falta una escucha empática Egoless.

5) Concretar mis **necesidades** y las de mi interlocutor: «Lo que yo necesito es...» / «Entiendo que lo que necesitas es...»

6) **Compromiso a futuro**. Una petición, un acuerdo, futuras acciones...

Cuando tiene lugar una conversación, hay que tener en cuenta si la tendencia es competitiva (por ejemplo, la que tengamos con un vendedor que nos ofrece su producto) o colaborativa (la que podemos tener con los colegas del trabajo).

En una conversación competitiva la relación es puntual y hay poca transparencia. Por el contrario, en una conversación colaborativa la relación es continuada en el tiempo, y hay mucha transparencia de información.

Como coaches, debemos intentar tener conversaciones colaborativas, pues son más productivas. Para ello, el coach intenta descubrir las necesidades complementarias de ambas partes, y así entrar en una conversación colaborativa.

RESUMEN

— La comunicación No Violenta (CNV) es un modelo que creó Marshall Rosenberg en los años 60 del siglo XX. Consiste en aplicar los siguientes cuatro pasos en las conversaciones donde haya peticiones y ofertas:

1. Observar los **datos** y hechos objetivos de una situación dada.

2. Investigar nuestras **emociones** o las de nuestro interlocutor ante los hechos y datos que se presentan.

3. Identificar cuáles son nuestras **necesidades** (deseos, metas) o las de nuestro interlocutor.

4. Hacer una **petición** dirigida a tratar de conseguir la necesidad identificada, o bien realizar una **oferta** que cubra la necesidad de nuestro interlocutor.

— Hemos visto la distinción aplicada a la generosidad, ampliando este concepto tanto para ofrecer nuestra ayuda, como para recibirla, equilibrando así nuestras relaciones.

— También hemos aprendido la distinción entre «ser» y «hacer», para evitar la agresión verbal a nuestro interlocutor y centrarnos solo en sus acciones.

— Por último, le he propuesto un guión para prepararse las conversaciones, de forma que sean eficaces:

1) Fijar el **contexto**

2) Tener clara la **inquietud** que provoca la conversación.

3) Hacerse una lista de los **datos** y **hechos** objetivos.

4) Indagar en mis **emociones** e **interpretaciones** y en las de mi interlocutor.

5) Concretar mis **necesidades** y las de mi interlocutor.

6) Buscar el **compromiso** a futuro.

— Como lectura para este capítulo, le recomiendo «*Comunicación NoViolenta*», de Marshall Rosenberg.

Antonio Montes Orozco

Feedback

El feedback o retroalimentación consiste en comunicar a nuestro interlocutor cómo es su «hacer», para aprender de los errores y mejorar, o simplemente para reforzarlo a seguir actuando de la misma manera, si el feedback es positivo. Según la finalidad del feedback tenemos las siguientes distinciones:

DISTINCIONES DE FEEDBACK

- **Feedback valioso.** Es el que nos sirve, el que nos saca de la caja. Por ejemplo, a este tipo pertenece el feedback que nos da el Product Owner cuando le mostramos el trabajo realizado en la reunión de Revisión de Sprint (*Sprint Review*).

- **Feedback de reconocimiento.** En él hablamos del «ser» y del «hacer», y sirve para que le quede claro a nuestro interlocutor qué acciones son bien recibidas y ha de mantener.

- **Feedback para el aprendizaje («feedback espejo»).** No se habla de lo que «es» nuestro interlocutor, sino de su «hacer» y de cómo me impacta lo que hace. Por ello siempre se realiza en primera persona: «Lo que yo opino sobre lo que tú haces/dices…». Se suele asociar el feedback con la idea de un espejo en el que nos miramos, y de ahí que también se le llame «feedback espejo».

- **Feedforward**. Es un concepto nuevo que se ha inventado para designar una realimentación orientada hacia el futuro, para acordar acciones concretas de mejora. Es para negociar necesidades y para generar nuevos compromisos a futuro, por lo que el feedforward empodera a nuestro interlocutor.

PROCEDIMIENTO PARA DAR FEEDBACK

Todo feedback es un regalo valioso, pues hace reaccionar a nuestro interlocutor, ya sea para mejorar, o ya sea para confirmar que está yendo por el camino correcto. Pero no se puede dar feedback así como así, sino que hay que pedir permiso para darlo. Y tenemos que estar abiertos a que nos lo nieguen.

Esquematizo a continuación los siete pasos para dar feedback:

1. Preguntarse primeramente **para qué** lo vamos a dar.

2. Pedir **permiso** y crear un **contexto**: «Me gustaría darte feedback: ¿es buen momento ahora?».

3. Tener presente que es un **regalo** y que solo es nuestra opinión: «Es únicamente mi opinión, y me gustaría dártela, por si te sirve».

4. **Dar nuestra opinión** sobre lo que «hace» nuestro interlocutor, no sobre lo que «es»: «Cuando veo que... opino que...» Es importante centrarse en hechos y datos objetivos, por lo que debemos evitar expresiones como «siempre...» o

«nunca...». Es mejor sustituirlo por «a veces...». Recordemos que, si estamos dando un feedforward, hay que hablar del futuro más que del pasado.

5. Realizamos **escucha empática Egoless**, por lo que atiendo a las emociones y necesidades de nuestro interlocutor, así como a las nuestras. De ahí surgen ofertas, peticiones y compromisos a futuro.

6. **Dejar espacio** a nuestro interlocutor para que decida qué hacer con nuestro feedback: «Espero que te sirva...»

7. **Agradecer** el feedback recibido: «gracias». En este último punto, no podemos esperar que nuestro interlocutor nos dé las gracias: recuerde que en esta Sociedad no se nos enseña a escuchar ni a comunicarnos con eficiencia. Nosotros somos coaches y nos entrenamos para ello, pero no podemos exigirle esta destreza a todo el mundo. No obstante, si nos dan feedback a nosotros, recordemos que es un regalo y que hay que agradecerlo.

Si el feedback nos lo dan mal, perdiendo la objetividad y emitiendo juicios, nos podemos plantear dar «feedback sobre el feedback recibido».

Antonio Montes Orozco

PREGUNTAS PODEROSAS PARA DAR FEEDFORWARD

A continuación le muestro algunas Preguntas Poderosas para dar feedforward y mirar al futuro:

—Si tuvieras que volver a hacerlo, ¿qué cambiarías?

—¿Qué vas a hacer de forma diferente la próxima vez?

—¿Qué estrategias aplicarás para salvar los obstáculos que puedan surgir?

—Después de esta conversación, ¿qué vas a poner en práctica en el futuro?

—¿En qué situaciones podrías aplicar lo que hemos hablado?

—¿Qué peticiones u ofertas podrías hacer para …?

—¿Qué compromisos quieres adquirir en relación con las acciones que has identificado?

RESUMEN

— El feedback o retroalimentación consiste en comunicar a nuestro interlocutor cómo es su «hacer».

— Hemos visto algunas distinciones asociadas al feedback: feedback valioso, feedback de reconocimiento, feedback para el aprendizaje y feedforward.

— También hemos visto los pasos que se siguen para dar nuestro feedback:

1) Para qué lo vamos a dar.

2) Pedir permiso y crear contexto.

3) Recordar que es un regalo

4) Dar nuestra opinión sobre el «hacer» del interlocutor.

5) Escucha empática Egoless. Surgen ofertas, peticiones y compromisos a futuro.

6) Dejar espacio a nuestro interlocutor para que decida qué hacer con nuestro feedback.

7) Agradecer el feedback recibido.

— Por último, le he propuesto algunas Preguntas Poderosas para dar feedforward.

Modelo OSAR del observador

El modelo OSAR es un acrónimo que viene de **Observador**, **Sistema**, **Acción** y **Resultado**. Es uno de los modelos fundamentales que se utiliza en Coaching para realizar cambios que busquen la mejora, y fue creado por Rafael Echeverría, un doctor en Filosofía chileno y presidente de The Newfield Group. Estos cambios de mejora se pueden aplicar tanto a la vida profesional como a la vida personal.

En este modelo, los resultados que obtenemos son producidos por acciones realizadas por un observador en un sistema concreto. El observador realmente somos nosotros, y somos los que evaluamos la efectividad de los resultados. Lo importante son los resultados, no las intenciones. Dichos resultados son el criterio que nos debería motivar a actuar, así que la resignación es el mayor enemigo de la mejora. Si los resultados son los deseados, el proceso finaliza. Por el contrario, si los resultados no son los deseados, el primer nivel de aprendizaje consiste en **modificar la forma de actuar**, y comprobar si se logra el resultado deseado. Si tras cambiar la forma de actuar se logra el objetivo, el proceso finaliza y el **Aprendizaje** que hemos logrado se dice que es **de Primer Orden**. Este es el aprendizaje que tradicionalmente se nos enseña. La observación se realiza sobre el **QUÉ**. Las preguntas asociadas al aprendizaje de primer orden son de la forma: «¿Qué vas a hacer?» «¿Qué hiciste en otras ocasiones?» «¿Qué hiciste que tienes que dejar de hacer?» «¿Que no hiciste que tienes que hacer?»

Pero, si modificando la forma de actuar no conseguimos el resultado deseado, nos podemos centrar en el siguiente nivel de aprendizaje, que consiste en **modificar la forma de observar**. Si nos centramos en el observador, dejamos de lado el asunto y observamos qué le está pasando al observador, fijándonos en qué le impide avanzar. En esto consiste el **Aprendizaje de Segundo Orden**: la observación se realiza sobre el **QUIÉN**. Las preguntas asociadas al aprendizaje de segundo orden son de la forma: «¿Quién estás siendo tú?» «¿Para quién es?» «¿Qué información te da para ti?» Un ejemplo típico de Aprendizaje de Segundo Orden es modificar las métricas o los criterios de evaluación utilizados.

Si aún así sigue sin conseguirse el resultado esperado, nos queda el siguiente nivel de aprendizaje, que consiste en **cambiar las creencias del observador**. Si el observador, para avanzar, necesita cambiar creencias profundas que modifican su forma de estar en el mundo, necesita el **Aprendizaje Transformacional**: la observación se realiza sobre el **QUIÉN EN RELACIÓN CON**. Después del aprendizaje transformacional ya no somos lo que éramos, pues hemos transformado nuestras creencias más profundas. Las preguntas asociadas al aprendizaje transformacional son de la forma: «¿Cómo impacta en tu entorno?» «¿Quiénes queremos estar siendo como equipo?» Por ejemplo, en Agile, las creencias son de empoderar al equipo para que este participe en las decisiones y pueda comprometerse. Por lo tanto, los jefes de proyecto y los equipos necesitan transformarse para adoptar la nueva creencia de que empoderar a un equipo y entregarle la plena confianza es la forma que conseguir un equipo comprometido y de alto rendimiento.

Ya por último, si actuando sobre el observador y las acciones no conseguimos el resultado esperado, nos queda **cambiar el sistema**. Esto es lo que llamo yo **Aprendizaje de Base**. Por ejemplo, el espíritu Agile ha provocado que se aplanen las jerarquías de las empresas, eliminando «jefes» en favor de «roles».

DISTINCIONES PARA TIPOS DE APRENDIZAJE

Hemos aprendido nuevas distinciones para aplicar a la palabra aprendizaje:

- **Aprendizaje de Primer Orden**, que es el derivado de cambiar la forma de actuar. Es la forma tradicional en la que hemos entendido el aprendizaje.

- **Aprendizaje de Segundo Orden**, que es el derivado de cambiar la forma de observar. Por ejemplo, cambiar una métrica o los criterios de evaluación.

- **Aprendizaje Transformacional**, que es el derivado de cambiar las creencias del observador. Por ejemplo incorporar las creencias del Agilismo.

- **Aprendizaje de Base**, que es el derivado de cambiar el sistema en sí. Por ejemplo aplanar las jerarquías en la empresa.

OBSERVADOR AGILE

Y ya que he presentado el modelo OSAR, donde el observador tiene una posición preponderante, ¿cómo es un observador Agile? Vemos que tendremos que transformarnos para:

- Cambiar nuestras interrelaciones con nuestros compañeros.

- Cambiar nuestra forma de escuchar y debatir, de entender y abrazar las discrepancias.

- Ser capaces de mostrar transparencia y Humildad.

- Descubrir que vale la pena el esfuerzo de ser generoso y mostrarse abiertamente agradecidos.

- Convertir el feedback en «feedforward» de forma habitual, es decir, utilizar el aprendizaje del pasado para mejorar el futuro.

Una transformación Agilista implica un cambio cultural profundo, no solo la mera práctica de ceremonias. El Agilismo se extiende a los planos cognitivo, personal, profesional, social y, por último, al plano del cambio.

RESUMEN

— **OSAR** (**O**bservador, **S**istema, **A**cción, **R**esultado) es un modelo que nos permite visualizar el proceso que se lleva a cabo en un sistema, para generar resultados. Existen diferentes niveles de aprendizaje:

- Aprendizaje en la capacidad de acción (**Primer Orden**). Se da cuando aprendemos a realizar nuevas acciones y eso nos permite obtener nuevos resultados.

- Aprendizaje en la capacidad de observar (**Segundo Orden**). Se da cuando cambiamos algunos pensamientos o juicios limitantes, y eso amplía nuestras posibilidades de acción. Por ejemplo modificar las métricas o los criterios de evaluación.

- Aprendizaje en las creencias (**Transformacional**). Se da cuando transformamos creencias y supuestos arraigados, cambiando así nuestra forma de estar en el mundo. Por ejemplo incorporar la filosofía Agile a nuestras creencias.

- Aprendizaje en la **Base**. Se da cuando transformamos el sistema en sí, cambiando el entorno base que nos rodea. Por ejemplo aplanar las jerarquías en la empresa.

— Por último hemos visto los planos transformacionales del observador Agile: cognitivo, personal, profesional, social y actitud ante el cambio.

Metodologías para generar planes de acción

RETOS SMART

A través de las preguntas y de la escucha empática Egoless hemos entendido lo que necesita nuestro interlocutor, y hemos sentido sus emociones, llegando a la propuesta de acometer un reto y activar un plan de mejora. Para no perder el foco reutilizamos el acrónimo **SMART** que nos enseña el Agilismo. Dicho acrónimo nos recordará siempre cómo han de ser esos retos que nos propongamos, al igual que nos recuerda cómo han de ser las historias de usuario de la Pila de Producto (*Product Backlog*):

- **Específicos** (del inglés *Specific*). El ser humano, para acometer un plan de acción, necesita que el objetivo sea muy específico, para poder concentrarse en él y poner todos sus esfuerzos en conseguirlo. Hemos de dar respuesta a las siguientes preguntas:

—¿Cómo voy a lograr lo que quiero lograr?

—¿Qué acciones específicas voy a hacer?

—¿Cuándo las voy a hacer?

—¿A quiénes debo involucrar?

—¿Qué necesito aprender?

—¿En quién me puedo apoyar?

—¿Cómo sabré que lo estoy consiguiendo?

- **Medibles** (del inglés *Measurable*). Es muy importante que el reto sea medible y comprobable. Esta cualidad está muy relacionada con la primera, es decir, con que sea específico, pues, precisamente esa especifidad llevará a que podamos comprobar el grado de consecución del reto planteado.

- **Alcanzable** (del inglés *Achievable*) por uno mismo. Si nos planteamos un reto en el que dependemos de otros para conseguirlo, estamos vendidos. Lo mismo aplica para los retos del equipo: el equipo ha de ser capaz de alcanzar el reto sin dependencias externas.

- **Relevante** (del inglés *Relevant*). El reto ha de ser relevante para nosotros mismos y para la Organización. En términos agilistas: ha de aportar valor.

- **Acotado en el Tiempo** (del inglés *Time bounded*). Si no acotamos el reto en el tiempo, no sentiremos la presión del tiempo que se agota, y no dedicaremos esfuerzos a conseguir el reto que nos hemos propuesto. Este acotamiento en el tiempo está íntimamente relacionado con que sea Medible, pues sabemos que, cuando finalice el tiempo, ha de haberse conseguido el cien por cien del reto.

Es interesante aplicar la cualidad SMART de las historias de usuario a los retos de mejora que nos propongamos. Eso nos lleva a la siguiente distinción.

DISTINCIÓN: «SER AGILISTA» Y «HACER AGILISMO»

«Hacer Agilismo» es cumplir con las ceremonias y rituales típicos del Agilismo (Daily, Planificación de Sprint, Revisión de Sprint, Retrospectiva, etc.), poner las historias de usuario sobre un panel, estimar con cartas de Scrum Poker, etc.

«Ser Agilista» es un estilo de vida, una forma de ser, que nos enriquece a nosotros mismos y a la empresa, buscando valor en todo lo que hacemos, priorizando nuestras tareas personales para maximizarlo, y estando siempre dispuesto a mejorar.

METODOLOGÍA PARA CONSEGUIR EL RETO

Una vez que hemos decidido ir a por un reto, se consigue de la misma forma en la que se consiguen acabar las historias de usuario en los Sprints:

1) **Se fija el plan de acción**, que ha de ser SMART, del mismo modo que se fijan las historias de usuario que entran en el Sprint.

2) Todos los días **evaluamos** la marcha de la consecución del reto, al igual que el equipo celebra la «*Daily*» todos los días para sincronizarse.

3) Cuando finaliza el plazo previsto, se **revisa** el resultado, al igual que se celebra la «*Sprint Review*» en Agile.

4) Y, ya para terminar, del mismo modo que en Agilismo se celebra la Retrospectiva, el equipo (o nosotros individualmente) se propone **nuevos retos** para seguir mejorando continuamente, volviendo al paso 1).

Fíjese en que una y otra vez nos encontramos con que «ser Agilista» es una forma de vida que aplicamos en todas las facetas de nuestro día. Quién nos iba a decir que el proceso cíclico que se utiliza para desarrollar productos software en Agile, es justo el proceso cíclico que se utiliza en la Mejora Continua.

Una vez que he explicado cómo se realiza el proceso de la Mejora Continua, queda un pequeño detalle: ¿cómo se fija el plan de acción? Es momento de presentarle la metodología GROW para crear planes de acción.

METODOLOGÍA GROW

La metodología GROW para generar planes de acción fue creada por Alexander Graham y Sir John Whitmore en la década de 1980. Es un acrónimo que viene de las palabras **Objetivo** (*Goal* en inglés), **Realidad** (*Reality* en inglés), **Opciones** (*Options* en inglés) y **Deseo** (*Will* en inglés). Consta de los siguientes pasos:

1) **Fijar el objetivo**. Es el primer paso de esta metodología y consiste en definir y establecer la meta a alcanzar. Para este paso podemos emplear las Preguntas Poderosas: «¿Cuál es tu objetivo?» «¿Qué te gustaría conseguir?»

2) **Examinar la Realidad**. En este segundo paso se examina y se describe la situación actual de nuestro interlocutor, evaluando qué le falta para conseguir su meta. En este paso podemos hacer preguntas del tipo «¿En qué situación te encuentras ahora?» «¿Que te faltaría para llegar?»

3) **Analizar Opciones**. En este tercer paso se analizan las opciones y posibilidades que se me presentan para superar las limitaciones que me impiden alcanzar mi meta. Le propongo las siguientes preguntas: «¿Qué alternativas tienes?» «¿Cómo podrías conseguirlo?»

4)**Generar un plan**. En este cuarto y último paso mostramos nuestra voluntad y compromiso de alcanzar nuestra meta con un plan detallado que sea **SMART** (Acrónimo visto anteriormente para metas específicas, medibles, alcanzables, relevantes y acotadas en el tiempo). En este último paso podemos utilizar las Preguntas Poderosas «¿Qué piensas hacer?» «¿Cómo vas a comprobar que lo estás consiguiendo?» «¿Qué necesitas para lograrlo?» «¿Qué plazo te das para conseguirlo?»

METODOLOGÍA FCA

No siempre tenemos tiempo para aplicar GROW con tranquilidad, y hay que ir más al grano. Imagine una reunión de Retrospectiva donde salen muchos temas y el equipo desea acometer acciones para cada uno de ellos, quedando ya poco tiempo para finalizar la reunión. Es el momento de utilizar un método más liviano, como el que yo llamo **FCA**, un acrónimo que viene de **Hechos** (*Facts* en inglés), **Causas** (*Causes* en inglés) y **Acciones** (*Actions* en inglés). Esta metodología consta de tan sólo tres pasos:

1) **Exponer los datos y hechos**. Recuerde no confundir hechos y datos objetivos con juicios y opiniones.

2) **Determinar las causas** que han llevado a los hechos y datos enumerados en el paso anterior.

3) **Proponer acciones** que ayuden a conseguir el objetivo. Recuerde que las acciones acordadas han de ser **SMART**.

PROBLEMAS RECURRENTES

Si, de forma recurrente, las acciones no surten efecto y en las Retrospectivas aparecen siempre los mismos problemas, es momento de recordar el modelo OSAR que hemos visto en el capítulo anterior. El aprendizaje que hemos tenido hasta el momento ha sido de Primer Orden, pues nos centrábamos únicamente en modificar la forma de actuar. Es momento de modificar la forma de observar, para obtener un aprendizaje de Segundo Orden.

RESUMEN

- Hemos visto el acrónimo SMART, el cual nos ayuda a definir las acciones de mejora que nos planteemos: específicas, medibles, alcanzables, relevantes y acotadas en el tiempo.

- Les he presentado la distinción entre «Ser Agile» y «Hacer Agile», como una actitud de vida frente a la mera ejecución de rituales.

- También hemos aprendido que el proceso de mejora, una vez fijada una acción, es muy parecido al proceso iterativo Agile: fijar el plan de acción, evaluar periódicamente la marcha del plan, analizar el resultado final y proponerse nuevos retos.

- Después hemos visto dos metodologías para generar planes de acción: la **GROW** (reto u objetivo, realidad, opciones y deseo) y la más liviana **FCA** (hechos, causas y acciones).

- También hemos enlazado los problemas recurrentes con el modelo OSAR, para acordarnos de cambiar al observador cuando los problemas no acaban de solucionarse y aparecen recurrentemente.

- Como bibliografía, puede leer el libro del propio John Whitmore, «*Coaching for Performance*», escrito en 1992.

Antonio Montes Orozco

Preguntas

Hemos visto que las preguntas son la herramienta que utiliza el coach para hacernos reflexionar y motivarnos a la acción. Las Preguntas Poderosas invitan a la reflexión y obtienen datos valiosos. Las preguntas pueden ser de muchos tipos, según la intención que encierren.

- Preguntas **cerradas**: son aquellas que tan sólo esperan un «sí» o un «no», por lo que son pobres a la hora de invitar a la reflexión. Por ejemplo: —¿Te ha gustado el final de Sprint?

- Preguntas **abiertas**: son aquellas que esperan una explicación. Estas preguntas invitan más que las cerradas a la reflexión. Por ejemplo —¿Qué te ha parecido este Sprint? —Estas preguntas entran dentro del grupo de Preguntas Poderosas.

- Preguntas al **pasado** / **presente** / **futuro**: Del pasado se aprende, en el presente estamos y en el futuro tendrán lugar las acciones de mejora a las que nos comprometamos. Por ejemplo, preguntamos al pasado: —¿Cómo te sentiste en ese momento? —Ahora preguntamos al presente—: ¿Cómo te hace sentir este hecho? —Y ahora preguntamos al futuro, para buscar compromiso—: ¿Qué vas a hacer para evitar esta situación la próxima vez? —Las preguntas al pasado / presente / futuro entran dentro de las Preguntas Poderosas.

- Preguntas **encadenadas**: Estas con las preguntas que encadenan varias ideas y que al final lían a nuestro interlocutor. Por ejemplo: —¿Qué te ha parecido el final del sprint, cuando desde el principio veíais que os retrasabais y en el medio os entraron nuevas historias de usuario y, ya puestos, no te apetece un café? —Nuestro interlocutor ya está pensando en un delicioso café y descansar de nuestras preguntas encadenadas.

- Pregunta **remedio**. Es aquella que manipula, mostrando ya una solución, alejándose de la filosofía del Coaching, donde el coach no aconseja, sino que ayuda a explorar. Por ejemplo: —¿Que te parece si revisas diariamente si tu plan va bien? —Si el coach detecta que aún no se ha explorado la posibilidad de revisión, es mejor una pregunta abierta que invite a la reflexión —: ¿Cómo vas a lograr estar seguro de que tu plan está funcionando?

- Pregunta **fórmula**. En este tipo de preguntas se propone ya una metodología, por lo que es una forma de manipulación. Todo lo que sea manipulación se aleja del Coaching, pues el Coaching nos motiva y busca nuestro compromiso, teniendo claro que nuestro compromiso vendrá de nuestra reflexión personal. Por ejemplo: —¿Qué te parecería fijarte en tu objetivo, reflexionar sobre tu situación actual, pensar en tus opciones y comprometerte a una acción? —Sería mucho más honesto ir explorando con preguntas abiertas—: ¿Cuál es tu objetivo? —Para luego preguntar—: ¿En qué situación te encuentras actualmente? —Se puede continuar así—: ¿Qué opciones tienes actualmente? —Para acabar con la Pregunta Poderosa—: ¿Qué vas a hacer?

Antonio Montes Orozco

- Pregunta que busca **justificaciones** con el «¿por qué?». Esta pregunta se presta mucho a que nuestro interlocutor se sienta acorralado y nos responda con una justificación elusiva. Por ello estas preguntas se desaconsejan.

- Pregunta que busca **intenciones** con el «¿para qué?». Esta pregunta es muy potente y nos anima a explorar la intención que encierran los hechos. Es más, cuando nos ocurren desgracias, es mucho más sano preguntarse «para qué», pues todo tiene su lado bueno y de todo se aprende, que el preguntarse el «por qué», lo que nos sumirá en la tristeza y desesperación.

Por lo tanto un coach está entrenado en hacer Preguntas Poderosas, las cuales son abiertas, para buscar las intenciones del interlocutor, y las puede lanzar al pasado, al presente o al futuro.

RESUMEN

- Las preguntas son la herramienta que utiliza el coach para hacernos reflexionar y motivarnos a la acción.

- Un coach está entrenado en hacer Preguntas Poderosas que son abiertas, las cuales buscan intenciones y pueden ser lanzadas al pasado, al presente o al futuro.

- Evite las preguntas cerradas, las preguntas encadenadas, las preguntas remedio, las preguntas fórmula y las preguntas que buscan justificaciones.

Antonio Montes Orozco

El cambio de creencias

Las creencias son nuestra interpretación, esculpida en el cerebro, del mundo que nos rodea. Las creencias se cambian a través de la reflexión y la práctica de nuevas acciones, hasta incorporarlas a nuestro modelo mental. Por lo tanto, para adoptar una nueva creencia, hace falta aprender.

Antes de seguir, le voy a presentar una nueva distinción:

DISTINCIÓN: EXIGENCIA VS. EXCELENCIA

El camino de la «exigencia» es el camino donde se busca hacer las cosas de forma perfecta. La perfección no existe, por lo que su búsqueda se hace imposible, provocando frustración en aquellos que se empecinan en seguir este camino.

Como contraposición tenemos el camino de la «excelencia», donde buscamos la Mejora Continua y el aprendizaje que nos proporciona el cometer errores. Asumimos que errar es de humanos, y vemos en cada error una posibilidad de mejora. Esta práctica, continuada en el tiempo, nos lleva a la autoestima, a la satisfacción y a la excelencia.

Antes de continuar, revisemos las creencias que necesita tener el Agile Coach (o Coach Agilista, como me gusta llamarlo).

CREENCIAS DEL COACH AGILISTA

Le presento algunas de las creencias del Coach Agilista:

- El **respeto** y la **confianza** facilita la colaboración de los miembros del equipo. Sin respeto se pierde la confianza y ya hemos visto que sin confianza no hay compromiso.

- **Necesitamos de otros** para completar una tarea. Hay que ser humildes y reconocer que no podemos solos. Esta sociedad tiende a la soberbia y a la autosuficiencia, despreciando el trabajo en equipo.

- Los procesos no están escritos en piedra. **Todo es mejorable** y hay que estar abierto a la autocrítica y a que nos den feedback para poder mejorar. De nuevo vemos lo útil que es ser humilde.

- **Arriesgarse** aumenta el conocimiento del equipo. El error es una oportunidad de aprendizaje. Nunca hay que dejar de intentar mejorar por miedo al error. Aquí recuerdo el eslogan de mi segundo libro: hay que «eliminar el miedo de la ecuación». Para ser «Agilista» hay que tener grandes dosis de valor.

- **Hay siempre margen de mejora** (exigencia vs. excelencia). No nos conformamos con cubrir el expediente, sino que buscamos la excelencia, como resultado de ver el error como una oportunidad de mejora.

- Lo importante es **entregar valor**. Por ello priorizamos las tareas según el valor que aportan a Negocio.

Antonio Montes Orozco

- Lo único que permanece es el **cambio**. El cambio nos permite adaptarnos y aprovechar las oportunidades de Negocio que se nos presentan.

- Todo funciona mejor **compartiendo soluciones**. Eliminamos los compartimentos interdepartamentales para dar paso a la transparencia y a la compartición generosa de conocimiento.

ENEMIGOS DEL CAMBIO

Le presento a continuación posturas ante la vida que nos impiden cambiar:

- **No admitir nuestra ignorancia.** No hay que tener miedo a decir «no sé». Una vez más, vemos lo importante que es para el Agile Coach ser humilde y sincero.

- **Pretender tener todo claro, todo el tiempo.** Rechazamos lo que no entendemos, por miedo a lo desconocido. La Humildad nos lleva a reconocer lo que no sabemos.

- **Juzgarlo todo, durante todo el tiempo.** Es más fácil etiquetar una nueva metodología como «inútil», que enfrentarnos a su aprendizaje. Las etiquetas son una forma de justificar nuestra falta de acción. Aprender conlleva un esfuerzo y un acto de Humildad, chocando con la soberbia y laxitud que impera en la sociedad del siglo XXI.

- **Pensar que, dado quien soy, no puedo aprender.** De nuevo pensamiento reactivo y de víctima, donde, etiquetándonos a nosotros mismos como «inútiles», nos justificamos para no esforzarnos y aprender.

- **No dar autoridad a quien nos enseña**. El Agile Coach es nuestro maestro. Mediante el prejuicio y la etiquetación le quitamos la autoridad, evitando que nos ilumine. Una forma más de justificación para no reaccionar y aprender.

- **Creer que tener información es sinónimo de «saber hacer»**. Haber leído un libro, un blog, o haber tenido una conversación de café no implican «saber hacer». El «saber hacer» implica teoría, mucha práctica y errar. Solo cuando hayamos acumulado el número suficiente de errores es cuando empezaremos a «saber hacer».

- **Tener miedo, incomodidad al cambio**. Recuerde el eslogan de mi segundo libro: «elimine el miedo de la ecuación». Con ganas y esfuerzo todo es posible. Para ser «Agilista», hay que tener altas dosis de valor.

- **Confundir lo que sé con lo que soy**. No conocer una nueva forma de trabajo no nos convierte en «inútiles». De nuevo las etiquetas y los prejuicios nos justifican para no luchar.

- **Adoptar una actitud reactiva ante la vida**, en vez de una proactiva. Una actitud proactiva es la de la gente responsable de su vida que saben que pueden mejorar y cambiar, por lo que toman las riendas de su existencia, mejorando continuamente y alcanzando la excelencia. Una actitud reactiva es la de la gente que actúa como víctima y que ignoran que pueden mejorar y cambiar, por lo que tienden a justificarse y a no actuar, estancándose en la mediocridad.

En relación con este último punto, le presento una distinción sobre la actitud ante la vida.

DISTINCIÓN: VÍCTIMA VS. RESPONSABLE

En relación a la actitud que tomamos ante la vida, nos encontramos con la postura reactiva frente a la proactiva. Esta distinción es muy importante pues, sinceramente, creo que es imposible mejorar con una mentalidad reactiva. El «Agilismo» implica una actitud muy proactiva ante el cambio. Por ello, es importante que el coach haga ver al equipo las diferencias entre el lenguaje victimista frente al lenguaje responsable.

Le expongo algunos ejemplos de pensamientos reactivos frente a pensamientos proactivos:

—No me entienden, no hay manera con esta gente. —El pensamiento proactivo sería el siguiente—: No me estoy explicando.

—No puedo confiar en él, se pierde continuamente. —Y la forma proactiva—: Se lo voy a explicar de nuevo.

—Me he empapado porque llueve. —Frente a la versión proactiva—: Me he empapado porque no he cogido el paraguas.

—No tengo tiempo para empezar a aprender un nuevo idioma, no me da la vida. —Versión proactiva—: Voy a reorganizarme para buscar un hueco en mi vida y empezar a aprender un nuevo idioma.

—No me dan recursos para hacer lo que me piden. —Y ahora la versión proactiva—: Voy a concretar qué necesito, para luego pedirlo.

La víctima percibe que su círculo de influencia es pequeño, por lo que exime las responsabilidades. Al lenguaje de víctima también se le conoce como «lenguaje desempoderado». Al lenguaje de responsable se le conoce como «lenguaje empoderado».

Ahondemos en el concepto de asumir el rol de víctima. Le voy a presentar las «Nueve Distorsiones Cognitivas»:

LAS NUEVE DISTORSIONES COGNITIVAS

Las distorsiones cognitivas son los **pensamientos irracionales** que nos provocan sentimientos negativos (ansiedad, ira, depresión). Constituyen una forma falaz de razonar, transforman la realidad y se oponen a cualquier intento de Mejora Continua. Si queremos entrar en un camino virtuoso de Mejora Continua con el equipo, es importante que detectemos en el equipo estas formas irracionales de pensar, para atajarlas de raíz. Algunas de las distorsiones cognitivas más usuales son:

- **Razonamiento emocional.** Cuando dejamos que nuestros sentimientos guíen nuestra interpretación de la realidad, pues tenemos la falsa creencia de que nuestras emociones reflejan la realidad. Por lo que hemos visto hasta ahora, esto nos aleja de los datos y hechos objetivos. Algunos ejemplo de razonamientos emocionales: «Me siento incompetente, luego soy incompetente». «Lo siento así, luego tiene que ser verdad».

- **Catastrofismo.** Cuando nos centramos en el peor resultado posible y lo vemos como el más probable, sin tener motivos para ello. Por ejemplo, un pequeño dolor de cabeza lo convertimos en un cáncer cerebral.

- **Sobregeneralización.** Cuando sacamos una conclusión general a partir de un acontecimiento puntual que nos haya sucedido. Por ejemplo, si estoy teniendo un mal día, ya mi vida es un «caos sin salida». Otro ejemplo: el que un Sprint salga mal porque varios compañeros han caído enfermos, no quiere decir que no se va a llegar a la fecha de entrega y que el proyecto esté «gafado».

- **Pensamiento dicotómico.** Cuando vemos los sucesos o juzgamos a las personas en términos de todo o nada. Por ejemplo, si el Product Owner no ha podido mantener la Pila de Producto porque le han asignado otro proyecto y está saturado, lo convertimos en un «irresponsable», cuando hace poco era un «gran profesional».

- **Lectura de la mente.** Cuando asumimos que sabemos lo que piensa la gente sin tener suficiente evidencia de sus verdaderos juicios o pensamientos. Por ejemplo, el jefe le hace un encargo a un compañero y no a nosotros. El pensamiento irracional sería: «Claro, es que le caigo mal al jefe. Piensa que no trabajo lo suficientemente bien, y por eso me da de lado».

- **Etiquetación**. Cuando asignamos un nombre a algo, en vez de describir objetivamente la conducta observada, tanto en otros como en nosotros mismos. Por ejemplo «soy torpe», «ellos son un desastre», «él es aburrido».

- **Filtrado negativo**. Cuando, en cualquier situación, nos centramos exclusivamente en los detalles negativos, percibiendo así que toda la situación es negativa. Por ejemplo, sea un estudiante que hace un examen de cien preguntas y, tras finalizarlo, se da cuenta de que ha fallado siete. Aplica el filtrado negativo y cree que va a suspender. Al publicarse las notas, se da cuenta de que ha acertado noventa y tres preguntas y que, por lo tanto, ha obtenido un sobresaliente.

- **Descalificación de lo positivo**. Cuando afirmamos que las cosas positivas que nosotros hacemos o que los demás hacen son triviales, de forma que mantenemos un juicio negativo. Por ejemplo, recibimos un elogio en el trabajo por haber terminado bien una historia de usuario complicada, y pensamos «quiere quedar bien, y nada más»

- **Culpabilización**. Culpabilizamos a otra persona o a nosotros mismos de los problemas, independientemente de las causas de los mismos y/o de las personas implicadas. Un ejemplo de esta forma irracional de pensar sería: «Si no hubiese estado de vacaciones, habría salido bien el Sprint. No hemos llegado por mi culpa.»

RESUMEN

— Las creencias son nuestra interpretación del mundo que nos rodea. Para adoptar una nueva creencia hace falta aprender.

— Le he presentado una nueva distinción: **exigencia vs. excelencia**, de forma que distingamos entre la búsqueda enfermiza de perfección, frente al camino de Mejora Continua.

— También le he compartido las creencias del Coach Agilista.

- El respeto y la confianza facilita la colaboración de los miembros del equipo.

- Necesitamos de otros para completar una tarea.

- Los procesos no están escritos en piedra.

- Arriesgarse aumenta el conocimiento del equipo.

- Hay siempre margen de mejora (exigencia vs. excelencia)

- Lo importante es entregar valor.

- Lo único que permanece es el cambio.

- Todo funciona mejor compartiendo soluciones.

— También le he presentado los enemigos del cambio:

- No admitir nuestra ignorancia.

- Pretender tener todo claro, todo el tiempo.

- Juzgar todo, todo el tiempo.

- Pensar que, dado quien soy, no puedo aprender.

- No dar autoridad a quien nos enseña.

- Creer que tener información es sinónimo de «saber hacer».

- Tener miedo, incomodidad al cambio.

- Confundir lo que sé con lo que soy.

- Adoptar una actitud reactiva ante la vida, en vez de una proactiva.

— En relación a la actitud reactiva frente a la actitud proactiva, le he presentado la distinción de actitud de **víctima** vs. actitud de **responsable**.

— Para finalizar, le he presentado las nueve «**Distorsiones Cognitivas**» que provocan en nosotros pensamientos irracionales, que nos llevan a sufrir, al estado depresivo y a la actitud reactiva ante la vida:

- Razonamiento emocional.

Antonio Montes Orozco

- Catastrofismo.

- Sobregeneralización.

- Pensamiento dicotómico.

- Lectura de la mente.

- Etiquetación.

- Filtrado negativo.

- Descalificación de lo positivo.

- Culpabilización.

— Como bibliografía para este capítulo, le recomiendo mi segundo libro «*El Ciclo del Estrés Laboral*», y el libro "*No es lo mismo*", de Silvia Guarnieri y Miriam Ortiz de Zárate.

Ejemplos de sesiones de coaching

Estamos llegando al final del camino y hemos aprendido mucha teoría. Pero dominar la técnica de ponerla en práctica no es fácil, así que le propongo varios ejemplos de lo que podrían ser sesiones de Coaching típicas.

EL PROGRAMADOR IRASCIBLE

En este ejemplo de sesión de Coaching, Robert, un Scrum Master, descubre en una reunión de Retrospectiva que uno de los programadores, William, trata agresivamente a sus compañeros, tildando su código de «chapuza». Esto, unido a algún comentario que ha llegado a sus oídos, con quejas de los malos modales de dicho programador, le predispone a tener una sesión de Coaching con William, para ver qué está pasando y cuál es el origen de su actitud. Nuestro Scrum Master es todo un profesional, por lo que se prepara la sesión de feedback antes de tener la reunión: va a darle al programador feedback para descubrir qué lo lleva a ser agresivo con sus compañeros, ya que esto podría menoscabar la confianza en el equipo, desembocando en desastrosas consecuencias.

—Hola, Bill. Te he citado para hablar contigo y darte feedback. ¿Me das tu permiso para dártelo? —pregunta Robert, que sabe que el feedback requiere el permiso de nuestro interlocutor.

—Si, venga, dispara. —responde William.

—El otro día, en la «Retro», te vi decir a tus compañeros que su código es una «chapuza». Me gustaría saber cómo te ves en el equipo y qué te llevó a decir eso. —Robert va al grano. Lo mejor es ser directo y no andarse por las ramas, pero siempre desde el yo, con datos objetivos, sin etiquetar y con respeto.

—Ah, ¿es eso? Pues es que en este equipo, salvo los que programamos los servicios, el resto no tiene ni idea. Menuda panda de «inútiles». —Robert tiene que hacer uso de toda su Templanza y repetirse a sí mismo que los demás no tienen por qué saber mantener una conversación, así que empieza a realizar Preguntas Poderosas, con suma paciencia.

—¿Me podrías explicar en qué no tienen idea, por favor? —pregunta Robert, para comenzar la escalera de inferencias desde el primer peldaño y tratar de buscar datos objetivos.

—Pues se dedican a llamar a nuestros módulos de servicio desde las pantallas gráficas, liando el código y haciendo que la aplicación vaya lentísima. —responde William.

—¿Qué más observas? —pregunta Robert, indagando.

—Pues observo que también están acoplando el código. No están utilizando interfaces y eso hace que, cualquier cambio, implique toquetear un montón de clases. Hay un riesgo muy alto de introducir errores ante cualquier cambio. —contesta Bill.

—¿Y eso cómo te hace sentir? —Robert está repasando mentalmente la CNV. Es importante determinar los datos y las emociones que estos causan, para luego poder concretar necesidades.

—¿Pero estás tonto o qué, Rob? ¿Cómo que cómo me hace sentir? ¡Pues cabreado! ¡Vaya mierda de equipo! —Robert observa con pena la cantidad de inferencias que realiza William, faltando el respeto y etiquetando a sus compañeros. Pero ha de mantener la calma. Se repite a sí mismo que hay que tener Templanza y sigue preguntando, para confirmar las emociones y los datos y hechos objetivos.

—Entiendo que tu cabreo se debe a que no se han respetado los patrones de diseño en el código, y que además se está acoplando, creándose dependencias entre clases, lo que dificultaría su mantenimiento. ¿Es así?

—Claro, eso cabrearía a cualquiera.

—También he detectado que eso te lleva a cuestionar las posibilidades de este equipo. —Robert tiene que indagar en las necesidades de William.

—Pues claro, si no saben contratar a buenos programadores y nos traen a estos inútiles, mal vamos. —Ahora Robert ve el momento de convertir el feedback en feedforward.

—¿Y cómo te gustaría que fuesen? —pregunta Robert.

Antonio Montes Orozco

—Pues más senior, y que al menos sepan de patrones de diseño y programar sin acoplar el código, para no cargarse la aplicación.

—Si tuvieses que contratarlos tú, ¿qué conocimientos les pedirías? —Robert empieza a tener claras las necesidades de William y, mediante preguntas, está consiguiendo que este se centre en su necesidad, después de haber partido de datos objetivos y de haber concretado lo que dichos datos le ocasionan en las emociones.

—Pues conocer los patrones «Modelo-Vista-Controlador», el «Publisher&Subscriber» y el «Factory», y las reglas básicas de programación, que no veas las chapuzas que he visto en el código.

—¿Y dónde se pueden encontrar a tales programadores? —Robert lanza Preguntas Poderosas para que William tome conciencia de las necesidades del equipo.

—Pues mira, yo no lo sé. Eso no es problema mío.

—¿Y se podría hacer algo para salir del paso? —Robert sigue insistiendo con Preguntas Poderosas.

—Pues como no les dé un curso de programación y se lo enseñe yo, no veo otra forma de conseguir algo de ellos.

—Sería muy generoso de tu parte. ¿Qué necesitarías para poder darles un curso? —William ya vislumbra una solución, por lo que ahora es momento de facilitar su iniciativa.

—Pues tres días, una sala con proyector y alargar el tiempo de entrega, pues el curso nos pararía en seco con el proyecto —contesta William.

—¿Ves alguna forma de darles el curso sin tener que parar en seco el proyecto? —Robert, aparte de coach, es Scrum Master del equipo, y una parada en el ritmo tiene que estar muy justificada.

—Bueno, no sé. En vez de hacer tres sesiones de cinco horas, que nos quitarían tres jornadas de trabajo, lo puedo dividir en sesiones separadas de media hora, distribuidas en días alternos. Eso impactaría poco.

—¿Y cómo comprobarías que tus clases han calado en el equipo? —Robert ayuda a Bill a que fije un objetivo SMART.

—Pues se me ocurre hacer una sesión de revisión de código tras la «Retro», o incluso durante la «Retro».

—Me parece genial, Bill. ¿Cuándo empezamos y cómo lo notificamos?

—Por mí empezaríamos mañana mismo y se lo comentaría a los chavales ahora mismo, según salgamos de esta sala.

—Me parece genial, Bill. Lo que te he entendido es que lo dejamos en unas 30 sesiones de media hora, en días alternos y, comenzando mañana, que es miércoles, acabaríamos la formación en dos meses y poco más, sin parar el ritmo. ¿Es correcto?

Antonio Montes Orozco

—Sí.

—Pues reservo una sala con proyector para todos los días de los próximos dos meses.

—Genial, Rob. Muchas gracias.

En este ejemplo hemos repasado la CNV (Comunicación No Violenta), pues Robert ha ayudado a William a que repasara los cuatro pasos, para centrarse en datos, ver las emociones que le causaban, averiguar necesidades y ser capaz de plasmarlo en un plan de acción. Ahí Robert también ha mezclado GROW, para indagar en las opciones posibles. También hemos repasado la escalera de inferencias, descubriendo por qué William tenía etiquetado al equipo de una manera tan despectiva. Y, ya que la solución al problema pasaba por un plan de acción, Robert se ha asegurado que este fuese SMART (específico, medible, alcanzable, relevante y acotado en el tiempo, ¿se acuerda?).

Lo que el Coaching nos da son herramientas y metodologías, las cuales no siempre se pueden aplicar de forma purista, sino que hay que ir cogiendo lo que nos hace falta según va transcurriendo la conversación. En ningún momento William se ha sentido psicoanalizado y la conversación ha ido fluyendo de forma muy productiva. También hemos visto la ventaja de tener Templanza y no dejarse arrastrar por las etiquetas y los tonos agresivos. Como Robert no ha dicho nada, sino que sólo ha preguntado, y ha sido William el que lo ha dicho todo, al final este se ha comprometido a dar clases a sus compañeros, para llenar el vacío de conocimiento que ha detectado.

LA PROGRAMADORA DESCENTRADA

En esta sesión de Coaching Robert, nuestro querido Scrum Master, se da cuenta de que Caroline, una programadora del equipo, últimamente llega tarde a las reuniones diarias de sincronización («Dailies») y está bajando el rendimiento, pues emplea mucho tiempo en las historias de usuario que acomete y no llega a finalizarlas. Su bajada de rendimiento está empezando a impactar en el equipo. Robert decide tener una sesión de Coaching con ella.

—Buenos días, Carol. ¿Cómo te encuentras?

—Bien, muy bien.

—He quedado contigo para darte feedback. ¿Me das tu permiso?

—Sí, claro.

—Esta última semana he observado que has llegado tarde a las «Dailies». También he notado que has asumido la ejecución de una historia de usuario aparentemente sencilla, y que llevas con ella ya bastantes días. Lo cual me lleva a preguntarme si estás bien. ¿Cómo te encuentras? —Robert sabe que hay que ir al grano, pero siempre presentando los datos y hechos.

—Bien, muy bien. —Esta respuesta de Caroline no encaja con los datos objetivos, por lo que Robert infiere que hay algo que preocupa a la programadora. Hay que insistir.

—¿Cómo te encuentras dentro del equipo? —pregunta Robert.

—Bien, muy bien.

—¿Y en casa, va todo bien?

—Sí. —Caroline no se muestra colaborativa, por lo que Robert cambia de táctica. Caritativamente infiere que Carol tiene algún problema personal. También infiere que, si Carol no quiere hablar de ello, pueda deberse a tener miedo. Decide aplicar CNV (Comunicación No Violenta).

—Carol, el hecho de que llegues tarde a las «Dailies» y que te estés retrasando en entregar la «historia de usuario» que te has asignado está impactando en el rendimiento del equipo, por lo que me gustaría que me contases qué te pasa, para poder ayudarte. Sólo quiero ayudarte, Carol. —Robert enfatiza que sólo quiere ayudar a Caroline, por si su inferencia de que Carol tuviese miedo fuese correcta. En ese momento Caroline rompe a llorar.

—Lo siento mucho, Rob. —responde Caroline entre sollozos.— Mi madre se ha puesto enferma, soy hija única, y sólo me tiene a mí para cuidarla. —Robert se da cuenta de que ha hecho bien en inferir caritativamente. Intenta hacer que Caroline repase cómo le impacta emocionalmente y qué necesita, para poder concretar una necesidad y poder ayudarla.

—Vaya, lo siento mucho, Carol. ¿Y qué cuidados necesita tu madre?

—Pues tengo que llevarla al hospital varias veces a la semana, para que le den la quimio. Por eso he estado llegando tarde. Después le entran náuseas y, se queda tan mal, que tengo que estar con ella hasta que se le pasa. Está muy débil —responde Carol entre sollozos.

—¿Y cómo te sientes compaginando el trabajo con el drama que tienes en casa?

—Pues muy mal, porque no me centro, sé que estoy retrasando al equipo, y tanto viaje al hospital me está agotando.

—¿Qué necesitas? ¿Cómo puedo ayudarte?

—Los días que tenga mi madre quimio preferiría no venir a la oficina, pues llego tarde y me estreso mucho. —Robert piensa que ya es momento para ir derechos a un plan de acción que ayude a Caroline, pues ya han quedado plasmadas sus necesidades.

—¿Y has pensado qué podrías hacer, para compaginar esta situación y no acabar enfermando?

—Me vendría muy bien teletrabajar esos días. Y, los días que no haya que ir al hospital, me gustaría llegar muy pronto para poderme ir muy pronto y estar con mi madre más tiempo por la tarde.

—Pues no se hable más, Carol. Hoy mismo te consigo un «token» para poder teletrabajar. A las malas, te paso el mío y así, si algo se rompe, me echan las culpas a mí. Pero no te preocupes, que todo el mundo sabe que los Scrum Masters no tenemos ni idea, así que verán normal que la conexión con mi «token» se haya cargado algo. —Tras esta broma tonta, Robert le guiña el ojo a Caroline, y esta empieza a sonreír.

—Muchas gracias, Rob.

—¿Cuándo tiene tu madre la siguiente sesión de quimio?

—Mañana.

—Pues mañana no aparezcas por la oficina. Hoy vete con ella pronto. Tu madre es lo importante y esto solo es trabajo. También te ofrezco llamarte cuando teletrabajes, para que me cuentes qué tal va tu madre y, ya de paso, para contarte qué novedades ha habido en la «Daily». ¿Te hace? —De esta forma Robert consigue que el equipo siga sincronizado, ahora que Caroline va a teletrabajar.

—Pues sí. Muchas gracias, Rob.

—De nada, Caroline. Para eso estoy, para facilitar vuestra labor y que todos estéis lo mejor posible. —Robert siente una alegría inmensa por haber sido de utilidad.

En esta sesión de Coaching hemos vuelto a ver una mezcla de técnicas. Hay veces que el interlocutor no quiere colaborar. En estos casos, en vez de inferir negativamente, como pensar que es un maleducado, o que no se está comportando profesionalmente, lo animo a que sea **caritativo** y se ponga siempre en el supuesto más benigno. En este caso Robert ha sido caritativo, y luego ha descubierto que Caroline tenía un grave problema y que lo estaba pasando muy mal. Plantear la pregunta con los pasos de la CNV, dejando claro que solo quería ayudar, es lo que ha hecho reaccionar a Caroline: Robert ha mostrado los datos objetivos, después ha mostrado las consecuencias que estos tenían, y ha acabado preguntando directamente, remarcando que solo quería ayudar. Después ha utilizado la técnica de la CNV para que Caroline fuese consciente de sus necesidades reales, para poder expresarlas. Y, mediante Preguntas Poderosas, Robert ha guiado a Caroline a través de GROW, para ver qué opciones había barajado ella. En el mundo de la Informática, por fortuna, se puede teletrabajar, por lo que Caroline podrá atender a su madre y podrá seguir ayudando al equipo. Si Robert hubiese inferido sin caridad, hubiese puesto a Caroline a la defensiva y la habría reforzado en su creencia a tener miedo, por lo que no habría sacado nada en claro. Además, es la propia Caroline la que ha dado solución al problema de compaginar su trabajo con su situación familiar, por lo que su compromiso es absoluto y Robert está seguro de que ella le sacará el máximo partido al teletrabajo.

Cómo llegar a «ser» un coach

Para «ser» una coach de verdad no basta con obtener un certificado, o leerse este libro, o «hacer Coaching». Las habilidades de coach requieren entrenamiento y cuesta obtenerlas, pues el coach tiene que luchar contra su bagaje cultural y contra su Ego.

La cantidad de habilidades a aprender puede ser tan abrumadora, que es fácil desanimarse, pues el coach se encontrará constantemente luchando contra corriente y contra las creencias grabadas a fuego en nuestra sociedad.

Además, se dará cuenta de que, en su entorno, salvo usted, los demás no saben escuchar, lo cual puede llevar a la frustración. También comprenderá por qué nunca se ha podido comunicar con esa persona a la que usted tiene etiquetada, y a la cual no escucha de forma Egoless. Y también comprenderá por qué le cuesta comunicarse con esas otras personas que nos tienen etiquetados y que filtran cualquier cosa que decimos.

Pero, con paciencia y constancia, al final dominará el arte de escuchar, el arte de hacer Preguntas Poderosas y el arte de generar planes de acción y de llevarlos a buen término. En algún momento podrá ayudar, y esa satisfacción compensará la frustración de ser de los pocos a su alrededor que saben escuchar y comunicarse.

Antonio Montes Orozco

Otro tema con el que se encontrará es con la tentación de dar lecciones a sus interlocutores sobre cómo se ha de escuchar. Eso es equivalente a sermonear, y ya le he comentado que sermonear corta la comunicación. Una vez más, nos encontramos con que el Coaching y la Humildad van de la mano. El coach al final se convierte en alguien muy humilde que sabe ayudar a los demás y que padece, con mucha paciencia, las agresiones de los que no saben ni escuchar, ni conversar, ni realizar peticiones sencillas sin utilizar la violencia verbal.

Le estoy planteando muy negro esto de ser coach. Me hizo gracia leer, en el libro «*Agile Coaching*», de Rachel Davies y Liz Sedley, cuando aconsejan que nos busquemos un hombro sobre el que llorar, pues la resistencia al cambio de los equipos puede ser frustrante. Pero el que sea duro al principio y requiera mucha vocación de ayudar a los demás, no es razón para abandonar. Piense en lo plena que será su vida y en lo útil que se sentirá. Además, saber conversar y escuchar es un plus muy útil en su vida personal.

Un coach está muy cercano a los **ascetas** que ha dado el Cristianismo, cuyas principales virtudes son la **Fortaleza**, para luchar contra corriente; la **Templanza**, para aguantar con paciencia la injusticia y la resistencia al cambio; y la **Humildad**, para reconocer los propios errores, las propias limitaciones, y ser capaz de llevar un camino de «Mejora Continua» o incluso de pedir ayuda.

Antonio Montes Orozco

Para que consiga «ser» un coach, le propongo los siguientes seis pasos, para hacer el entrenamiento más suave y que cada paso le dé esperanzas y energías para acometer el siguiente.

PRIMER PASO: ASIMILAR LA TEORIA Y OBSERVAR

En este libro le doy muchas pinceladas teóricas que hay que asimilar. A partir de ahora, tenga siempre presente el principio de que «**sin participación no hay compromiso**». Observe cómo a su alrededor, ya sea en la familia, con los amigos o en el trabajo, si no hay participación, la gente no se compromete.

Interiorice la **Escalera de Inferencias**. Observe cómo la gente etiqueta rápidamente con apenas datos y hechos. También observe cómo la gente confunde juicios y opiniones con datos y hechos objetivos. Recuerde, solo observar, nada de sermonear. Interiorice el procedimiento de la **CNV** (Comunicación No Violenta). Observe cómo la gente realiza peticiones agrediendo verbalmente, etiquetando y poniéndose a la defensiva. En esas ocasiones es buen momento para repasar los pasos de la CNV: entender los datos que ha observado nuestro interlocutor, empatizar con las emociones que le reportan, comprender sus necesidades y facilitar su petición. Recuerde, solo observar; a lo sumo preguntar para recabar datos, pues estamos en fase de asimilación y observación. Saque toda su Humildad y entierre su soberbia, para alejar la tentación de dar una clase magistral de cómo hay que realizar peticiones sin violencia.

Interiorice el procedimiento de dar **feedback**. Recuerde que es un regalo, por lo que solo ha de darlo con el consentimiento de su interlocutor, y ha de estar abierto a la posibilidad de que se lo nieguen. Lo habitual a nuestro alrededor, tanto en ambientes familiares como profesionales, será que nos den feedback sin pedir permiso y que además confundan el «ser» con el «hacer». Una vez más, solo observe, aprenda de los errores de los demás y tome nota para cuando le toque a usted dar feedback.

Cuando el equipo manifieste en las retrospectivas siempre los mismos puntos, recuerde el modelo **OSAR** del observador y plantéese si es momento de cambiar al observador (Aprendizaje de Segundo Orden), o bien es momento de cambiar las creencias (Aprendizaje Transformacional), o bien incluso es momento de cambiar el sistema (Lo que llamo yo Aprendizaje de Base).

Aprenda a identificar las nueve «**Distorsiones Cognitivas**» que le he enseñado, observe cómo la gente de nuestro entorno emplea a veces razonamientos irracionales. Identifique cuándo se está empleando un lenguaje de víctima y cuándo uno de responsable. Una vez más, sólo escuche y observe, sin acusar a su interlocutor de emplear razonamientos irracionales o de utilizar lenguaje de víctima, y sin dar sermones. Recuerde: Fortaleza, Templanza, y mucha, mucha Humildad.

Por último, huya del **psicoanálisis**. Simplemente está observando y aprendiendo. Lo tiene que hacer tan disimuladamente, que su interlocutor nunca ha de tener la sensación de que usted lo está psicoanalizando. Si su interlocutor se da cuenta, se sentirá agredido y acabará irritándose, y con razón. Aumentar sus dosis de Humildad lo llevará a observar en silencio, sin tener que demostrar todo lo que ha aprendido en este libro, y por tanto sin irritar a su interlocutor.

Como propuesta, le propongo que analice las conversaciones de las películas y de las series, pues están cargadas de malentendidos, agresiones verbales e inferencias mal hechas y basadas en datos erróneos. Piense qué diría usted si estuviese en la misma situación que plantean las escenas.

Este primer paso de la observación le puede llevar varias semanas e incluso meses. Cuando sea plenamente consciente de la teoría que le he explicado, es momento de lanzarse aprender nuevas habilidades, y la primordial para un coach es saber escuchar.

SEGUNDO PASO: APRENDER A ESCUCHAR CON EMPATÍA Y SIN EGO

Durante un tiempo hemos estado observando cómo nos comunicamos nosotros y cómo se comunican los demás. Tenemos una buena base teórica y ya sabemos todo el camino que nos queda por recorrer. Es momento de comenzar el entrenamiento en la escucha.

Hemos visto los niveles de escucha y le he explicado que lo mejor es olvidarnos de nosotros mismos (escucha **Egoless** o sin ego), centrándonos exclusivamente en entender todo lo que nos cuentan y en empatizar con nuestro interlocutor, forzándonos a no aplicar nuestros filtros ni creencias. Intervendremos sólo para preguntar y parafrasear cuando queramos aclarar dudas o cuando queramos confirmar que estamos entendiendo bien.

Como esta habilidad cuesta mucho entrenarla, la forma más rápida de aprenderla es escuchando de forma Egoless a todo el mundo, tanto a familiares, como amigos, como a compañeros del trabajo, como a desconocidos.

El primer paso es el contacto visual: fuércese a **mirar directamente a los ojos** a todo aquel con el que hable.

Nuestro enemigo es nuestra **soberbia**. Es como un diablillo posado en nuestro hombro, que constantemente nos recuerda lo buenos que somos y lo amplios que son nuestros conocimientos, animándonos a intervenir y a demostrar todo lo que sabemos. Por ello le he manifestado, a lo largo de los capítulos, lo importante que es la **Humildad**. Para tener paz interior no necesitamos demostrar lo que valemos y que se haga justicia: simplemente siendo humildes y dando el protagonismo a nuestro interlocutor descubriremos la paz que nos da esa pequeña muestra de amor. Además, si encima conseguimos ayudar, seremos las personas más felices y plenas del mundo.

Antonio Montes Orozco

Otro enemigo es la **falta de tiempo**. Si vamos con prisa, nos entrará la desesperación de ver que nuestro interlocutor se enrolla y no para de hablar. En ese momento atacará el diablillo que tenemos posado en nuestro hombro y nos invitará a etiquetarlo como «pesado». La etiquetación ya no es escucha Egoless, por lo que le invito a hacerse predecible y a avisar de que dispone de muy poco tiempo, o bien a aplazar la conversación para otro momento más propicio.

Poco a poco le irán saliendo sin pensar las Preguntas Poderosas que le llevarán a entender todo, y a empatizar con su interlocutor.

Este paso le va a costar más, pues tenemos una tendencia casi enfermiza a filtrar e inferir, incluso antes de que nuestro interlocutor abra la boca. Así que ármese de Fortaleza y Templanza: las va a necesitar.

TERCER PASO: ADRIESTARSE EN LA CNV

Ahora que tenemos claras nuestras carencias y que hemos aprendido a escuchar, es momento de entrenarse en la CNV (Comunicación No Violenta).

Adiestrarse en realizar peticiones utilizando la CNV es muy fácil y, en pocos días, puede tener interiorizada esta técnica, de forma que le salga de forma automática.

Si habitualmente tiene problemas de comunicación con alguien a la hora de hacerle peticiones, se impresionará con lo efectiva que es esta técnica. La CNV es especialmente efectiva en el entorno familiar.

Exponer los datos objetivos, mostrar cómo nos hacen sentir, expresar nuestras necesidades, y lanzar la petición con educación es algo que nuestro interlocutor siempre va a recibir bien, por lo que rápidamente usted le verá valor.

Del mismo modo, puede entrenarse en guiar a su interlocutor a revisar estos cuatro pasos para que concrete su necesidad, y así usted pueda realizar un ofrecimiento para ayudarlo. Recuerde que no se trata de sermonear sobre cómo se piden las cosas, sino utilizar Preguntas Poderosas para guiar:«¿Qué ha pasado?» «¿Cómo te ha hecho sentir?» «¿Qué necesitas?» «¿Cómo puedo ayudarte?»

Como le he comentado anteriormente, esta habilidad la tendrá interiorizada muy pronto y lo animará a seguir.

CUARTO PASO: APRENDER A SUBIR Y BAJAR POR LA ESCALERA DE INFERENCIAS

En este momento usted sabe escuchar de forma Egoless, ha estado observando a su alrededor la forma que tiene la gente de comunicarse, y ha descubierto, en usted y en otros, todos los errores que nos llevan a no saber comunicarnos. Además, domina la CNV y es capaz de realizar peticiones y de detectar necesidades, para realizar ofrecimientos. Es momento de orientar el entrenamiento hacia subir y bajar por la Escalera de Inferencias.

Bajar por la escalera lo haremos para descubrir las creencias que llevaron a las actuaciones que observamos. Recuerde no leer la mente, ya que es imposible y además es una práctica irracional: en vez de eso, realice Preguntas Poderosas: «He detectado que tienes esta creencia. ¿Es así?»

Detectar creencias nos da ventaja en las conversaciones pues, si vemos que una creencia es falsa y bloquea a nuestro interlocutor, podemos tranquilizarlo, haciéndole ver que la realidad es otra, abriendo así una puerta a la esperanza.

Subir por la escalera lo haremos para actuar, pero centrados en datos y hechos objetivos. De paso, empezará a entrenarse en darse cuenta de lo alejados de la realidad que pueden llegar a estar nuestros juicios y opiniones. Por ello, le recomiendo verificar sus inferencias siempre que pueda:

—Infiero que estás enfadado. ¿Es así? —preguntamos.

—No, estoy contento, lo que pasa es que me pongo así de feo cuando sonrío. —Nos contestan, para nuestro asombro.

Por ello le recomiendo ser **caritativo**, buscando siempre la inferencia más benigna.

Desde pequeño me han inculcado lo bueno que es tener «psicología» para poder «leer el pensamiento certeramente». Ahora me doy cuenta de lo absurda de dicha creencia. En primer lugar es irracional pretender tener esa capacidad de lectura de mente, y realmente está escondiendo miedo a la vida y un afán insano de protección. Y en segundo lugar, es poco prudente inferir sin contrastar, y nos llevará al error la mayor parte de las veces.

Me sorprende que la sabiduría popular anime a estas prácticas falaces a través de refranes como «piensa mal y acertarás». Aparte de convertirse en un asceta, tendrá que abandonar por el camino montones de creencias populares que nos alejan de la filosofía del Coaching.

QUINTO PASO: APRENDER A SER CONFIABLE

Desde que empezó su entrenamiento, ha aprendido la cantidad de fallos que cometía a la hora de comunicarse y escuchar. Eso es un golpe importante para nuestro Ego, lo cual es bueno, pues nos da Humildad, tan necesaria para el coach.

Además, de tanto controlarse para escuchar de forma Egoless y mantenerse callado, está generando mucha Templanza. La Fortaleza ya la tenía entrenada, y por ello decidió aprender las artes del Coaching.

Lo único que le queda es que los demás lo vean como alguien altamente confiable. He dedicado un capítulo entero a la confianza, pues es la clave de su relación con el equipo. Sea sincero, no dude en mostrar sus vulnerabilidades y hágase predecible.

La confianza es un tesoro muy difícil de obtener y muy fácil de perder. Aquí no hay secretos ni trucos, así que ha de nacer de la sinceridad y la transparencia honestas.

Toda la Humildad que ha generado estas semanas lo ayudarán a mostrar sus vulnerabilidades. Está entrenado en enterrar su soberbia, y no le importa cometer fallos en público, reconociéndolos humildemente y pidiendo perdón al instante. Es usted todo un asceta: un ejemplo para su equipo, un gran líder.

SEXTO PASO: TENER SESIONES DE COACHING DE ENTRENAMIENTO

La mejor forma de aprender es «hacer», para cometer errores y aprender de ellos. No hay otro método. Ahora se ha dado cuenta de los problemas que plantea la comunicación, sabe escuchar, domina la CNV, controla la escalera de inferencias y «es» confiable: es el momento de lanzarse a tener sesiones de Coaching.

Una forma muy buena de practicar es buscar a algún colega que también sea Scrum Master y que también quiera adiestrarse en el arte del Coaching. Y ya, si ambos se han leído este libro, mejor que mejor.

Pueden quedar para tomar un café. Uno hace el rol de coach y el otro de coacheado. Tras las sesión, se pueden dar feedback.

En días sucesivos pueden repetir sesión, intercambiando los roles.

Esta práctica le dará la habilidad de saber qué Preguntas Poderosas aplican en cada momento, de forma que las lance automáticamente.

RESUMEN

Le he propuesto seis pasos para llegar a «ser» un coach.

- **Primer paso**: **Asimilar la teoría y observar**. Aprenda la teoría de memoria y observe cómo se comunica la gente a su alrededor, incluido usted mismo. Extienda esta observación a las películas y series que vea. Recuerde, sólo observar, nada de sermonear o demostrar lo que ha aprendido en este libro.

- **Segundo paso**: **Aprender a escuchar activamente con empatía y sin Ego**. Esta es la cualidad principal del coach: saber escuchar, empatizando con el interlocutor, olvidándose de sí mismo y de sus filtros, y evitando juzgar.

- **Tercer paso**: **Adiestrarse en la CNV**. La CNV es fácil de dominar y le dará ánimos aplicarla y ver lo bien que funciona. Además, podrá ayudar los demás, realizando ofertas en base a sus necesidades.

- **Cuarto paso**: **Aprender a subir y bajar por la escalera de inferencias**. Así podrá detectar los datos y creencias que llevaron a las acciones que ha observado, y también será consciente de las inferencias que se realizan en base a los datos observados.

- **Quinto paso**: **Aprender a ser confiable**. No hay secreto que valga, la confiabilidad se basa en la sinceridad y en la transparencia.

- **Sexto paso: Tener sesiones de Coaching de entrenamiento**. Le recomiendo que sea un colega Scrum Master que también se haya leído este libro. Pueden tener varias sesiones para intercambiarse los roles.

Conclusión

Hemos concluido este apasionante viaje por el mundo del Coaching aplicado al Agilismo. Hemos aprendido que, alrededor nuestro, no hay conocimientos sobre cómo escuchar y conversar eficazmente. Es la gran cruz que tendrán que llevar los coaches, pero precisamente es una cruz que proporciona la satisfacción de ser el único que puede ayudar, simplemente por ser el único que sabe escuchar y motivar.

Cada capítulo teórico he intentado complementarlo con ejemplos, para que le quedasen los conceptos claros.

Para no obligarlo a volver atrás en el libro, le he recordado los conceptos clave, de forma que pudiese avanzar siempre hacia adelante.

Consciente del poco tiempo que tenemos hoy en día, he intentado condensarle toda la teoría y los ejemplos en un libro breve y de rápida lectura.

Tras ver la teoría le he mostrado dos ejemplos prácticos sobre cómo aplicar lo aprendido. Espero que estos ejemplos le hayan aclarado los conceptos.

También le he propuesto seis pasos para «ser» un coach, de forma que se vaya transformando poco a poco hasta ser todo un asceta Agilista.

Le deseo una vida plena y feliz y espero que este libro contribuya a ello. Para usted, mi agradecimiento infinito.

Antonio Montes Orozco

Agradecimientos especiales

En primer lugar voy a agradecer a Fernando Vargas Sánchez, mi gran maestro, todas las enseñanzas que me ha dado sobre Coaching. Sin él este libro nunca habría visto la luz. Fer, siempre te estaré eternamente agradecido por tu generosidad y por tu gran talento para transmitirme tu extenso conocimiento.

En segundo lugar voy a agradecer a Juan Manuel Gómez Ramos todas sus enseñanzas. JuanMa, has sido todo un ejemplo para mí, y de ti aprendí tus valores y tu gran ética profesional. Eres mi referente como Agile Coach.

En tercer lugar voy a agradecer a Marta San Martín Arribas todo lo que me ha enseñado con su gran ejemplo. Marta, siempre has sido la mejor coach de tu entorno y mi gran maestra. Recuerdo con mucho cariño tus cursos de Coaching y la profesionalidad con la que te enfrentabas a los nuevos retos.

Y por último, pero no por ello menos importante, le agradezco a usted, querido lector, el haber leído este libro. Espero que lo ayude tanto en su vida personal como en su vida profesional.

Para todos, mi agradecimiento de todo corazón.

Antonio Montes Orozco

Sobre el autor

Antonio Montes Orozco nació en Madrid, España, en 1972. Estudió Ingeniería de Telecomunicaciones en la Universidad Politécnica de Madrid.

Comenzó sus primeros pasos en el mundo laboral como administrador de sistemas, especializado en los sistemas operativos Solaris, HPUX y AIX. Tras unos años como administrador de sistemas, se puso a programar en C++ y, en el año 2006, conoció la metodología Scrum y fue uno de los pioneros en su aplicación en España. Desde entonces lleva ejerciendo como Scrum Master y como Coach para implantar dicha metodología.

Acabó trabajando en una importante entidad financiera española, donde introdujo el Scrum en una de las áreas de Negocio.

En 2015 se certificó como Practicante Agile (ACP: Agile Certified Practitioner), por el prestigioso PMI (Project Management Institute), y por Scrum Manager en 2014.

En 2016 obtuvo el Master Executive en Gestión y Dirección de las Tecnologías de la Información, por el Instituto de Directivos de Empresa (IDE-CESEM) de España.

En 2020 obtuvo el Master Coaching & Mentoring Fundamentals For Agile, por la Escuela Europea de Coaching (EEC) de España, certificándose como coach por el prestigioso ICF (International Couching Foundation).

Antonio Montes Orozco

Créditos

Agile Coaching Para Scrum Masters: Aprenda las nociones de coaching que necesitan los Scrum Masters.

Antonio Montes Orozco

No se permite la reproducción total o parcial de este libro, ni su incorporación a un sistema informático, ni su transmisión en cualquier forma o por cualquier medio, sea este electrónico, mecánico, por fotocopia, por grabación u otros métodos, sin el permiso previo y por escrito del editor. La infracción de los derechos mencionados puede ser constitutiva de delito contra la propiedad intelectual (Art. 270 y siguientes del Código Penal).

© del diseño de la portada, SelfPubBookCovers.com/ BravoCovers

© Antonio Montes Orozco, 2020

"Primera edición en libro electrónico (epub): Septiembre de 2020

ISBN: 9798687877848

www.ingramcontent.com/pod-product-compliance
Lightning Source LLC
Chambersburg PA
CBHW020444220526
45464CB00002B/850